Sara Langhirt mit Heidi Friedrich

Beautiful Soul

SARA LANGHIRT

Heidi Friedrich

Beautiful Soul

Mein langer
Weg zu Liebe,
Selbstannahme und
echter Schönheit

adeo

Ich widme dieses Buch meinen Eltern,
Brigitte und Joe Langhirt.

Danke, dass ihr in den schlimmsten Momenten
in meinem Leben immer für mich da wart und seid
und mir gezeigt habt, dass aufgeben keine Option ist.
Danke für eure bedingungslose Liebe.

Ich liebe euch.

Inhalt

Sara ohne h

Mit sieben Jahren habe ich zum ersten Mal hinter einer Mülltonne heimlich geraucht. Der Reiz am Verbotenen war cool. Mit zwölf habe ich zum ersten Mal gekifft. Mit 15 nahm ich immer wieder Speed. Ich habe Koks ausprobiert und LSD. Aber die synthetischen Drogen waren nicht meins. Ich blieb bei Marihuana. Ich wollte und brauchte nicht das spontane High, sondern den angenehm-prallen Dauerzustand, der über alles Unschöne in meinem Leben einen Schleier der Erträglichkeit warf. Möglichst lange sollte der Schmerz, den meine sinnlose, nutzlose Existenz in mir hervorrief, gelindert sein.

Meine frühe Drogenkarriere schulde ich der Möglichkeit, der Verfügbarkeit. Der erste Joint, den Lilli und ich damals rauchten, lag bei ihr zu Hause auf dem Wohnzimmertisch. Lilli war viele Jahre lang meine beste Freundin und die Tochter eines Marihuana-Bauern. Ihre Eltern hatten sich, schon lange bevor wir uns kennenlernten, getrennt. Die Mutter kümmerte sich nur sporadisch um ihre Tochter. Lilli lebte bei ihrem Vater, der im Keller seines Hauses eine kleine Plantage angelegt hatte. Zwar hatte er uns verboten, hinter die Tür zu gehen, wo lilafarbenes Licht für ein gutes Gedeihen der Pflanzen sorgte, aber die Drogen waren so einfach zu erreichen wie Süßigkeiten aus dem Küchenschrank.

Auch daheim musste ich schon als kleines Kind miterleben, wie Drogen die Menschen in meiner Umgebung in Rauschzustände versetzte und sie unberechenbar machte. Meine Brüder nahmen alle möglichen Drogen. Und mein Vater war Alkoholiker, Quartalssäufer, wie man früher sagte. Er trank also nicht jeden Tag, sondern immer phasenweise. Irgendein Trigger brachte ihn dazu, nach zwei Monaten ohne Alkohol von einem Moment auf den anderen wieder mit dem Trinken anzufangen. Nach einigen Exzessen, die ich hautnah miterlebte, begab er sich von Zeit zu Zeit in Therapie, war kurze Zeit trocken.

Und dann hieß es: „Mama, er hat wieder getrunken!" Ich war immer die Erste, die es merkte. Ein ewiger Kreislauf, wie es mir schien. Gott sei Dank war mein Vater im Rausch nicht aggressiv. Er hat mich nie geschlagen. Dafür wollte er dann immer viel reden. Aber das war auch nicht einfach, denn mit diesen Psychogesprächen konnte ich als Kind überhaupt nicht umgehen. Meine Mutter war in den Sauf-Phasen meines Vaters jedes Mal sehr verzweifelt, hatte sie doch zwischendrin immer wieder die Hoffnung geschöpft, es könne doch noch alles gut werden. Dann wurde es laut in der Wohnung. „Ich suche mir und den Kindern eine Sozialwohnung! Wir hauen hier ab!", drohte sie jedes Mal lautstark. Meine drei Brüder und ich wollten aber nicht weg. Wir wollten beim Papa bleiben. Wie ein Damoklesschwert hing der drohende Auszug über uns. Jeden Moment könnten wir fluchtartig unser Zuhause verlassen müssen. Eine schreckliche Bedrohung unserer Sicherheit! Mein Vater ist Country-Musiker. Seine Gitarre war schon immer seine Leidenschaft. Doch seinen Unterhalt verdiente er als Maschinenbaumechaniker. Er ist ein schlaues Köpfchen, kann alles reparieren oder konstruieren, was Räder hat. Eigentlich wollte er aber bei der Bundeswehr, wo schon sein Vater und sein Großvater gedient hatten, bleiben und die Offizierslaufbahn durchlaufen. Doch bei allen seinen „Karrieren" machte ihm der Alkohol immer einen Strich durch die Rechnung. Dabei war ihm als Katholik extrem wichtig gewesen, was die Kirche vorschrieb. Was die Nachbarn dachten, wurde ernst genommen. Nach außen hin musste alles perfekt sein. Meine Großeltern waren mit ihrem Sohn sehr streng gewesen und hatten großen Druck auf ihn ausgeübt, zu studieren. Auch wenn es nie zum Studium gekommen war, schien ihm dieser Druck nicht gut bekommen zu sein.

...

Meine Mutter hatte ihre eigene belastende Geschichte. Sie war neunzehn Jahre alt, als ihre Mutter in der Badewanne verunglückte und starb. Sie war beim Aufstehen ausgerutscht und hatte sich bei dem Sturz nach hinten den Kopf angeschlagen. Sie wurde ohnmächtig und ertrank. Als ich sieben Jahre alt war, zog unsere Familie in genau dasselbe Mehrfamilienhaus um, das aus Sozialwohnungen bestand. Nur einen Stock über der ehemaligen Wohnung meiner Oma. Die Angst, meiner Mutter könnte das Gleiche passieren, saß mir ab da ständig in den Knochen.

Noch eine andere existenzielle Bedrohung lag in der Luft: Der erste Ehemann meiner Mutter, der Vater meiner beiden älteren Brüder, hatte versucht sie zu töten. Auch er war Alkoholiker und oft tagelang verschwunden. Das hatte meine Mutter nicht ausgehalten und sich eines Tages getrennt. Doch er verfolgte sie in den Gasthof, in dem sie Unterschlupf gefunden hatte. Mit einem Fechtmesser unter der Jacke betrat er die Gaststube, in der meine Mutter zu Abend aß, und stach unvermittelt vor aller Augen drei Mal auf sie ein. Die anwesenden Gäste überwältigten ihn, bevor es zu noch Schlimmerem kommen konnte. Der Täter ließ sich am Tatort von der Polizei ohne Widerstand abführen und wurde wegen versuchten Mordes zu sieben Jahren Haft verurteilt. Doch meine Mutter kämpfte nach dem Angriff im Krankenhaus tagelang um ihr Leben. Mit seinen Stichen hatte er ihre Leber getroffen. Doch sie überlebte Gott sei Dank ihre Verletzungen.

Trotz dieser unfassbar schlimmen Erfahrung hegte meine Mutter – für mich absolut erstaunlich – keinen Groll gegen ihren gewalttätigen Ex-Mann. Bei der Gerichtsverhandlung drängelte sie sich sogar an den Beamten vorbei, ging auf ihn zu und bat ihn: „Sei für deine Söhne da!" Doch es kamen weder Briefe noch Anrufe aus dem Gefängnis. Nichts. Er meldete sich einfach gar nicht.

Sie selbst fand in der schweren Zeit danach, als sie vor allem psychisch mit den Folgen zu kämpfen hatte, Halt bei den Zeugen Jehovas, die eines Tages bei ihr vor der Tür standen. Und drei Jahre später traf sie meinen Vater. Die beiden heirateten und bekamen meinen jüngsten Bruder und mich. Mein Vater hätte die beiden älteren Söhne gerne adoptiert, aber dem widersprach ihr leiblicher Vater, obwohl er mit ihnen immer noch keinen Kontakt hatte.

Erst gegen Ende seiner Haft, als er für einzelne Wochenenden Ausgang erhielt, näherten sich alle wieder an. Meine Eltern erlaubten ihm sogar, bei uns zu übernachten, damit er mit seinen Söhnen zusammen sein konnte. Aus dieser Zeit gibt es sogar ein gemeinsames Foto von meinem Vater und dem kleinen, fast zierlichen Ex-Mann meiner Mutter. Ich staune noch heute: Wie haben sie es geschafft, dem Mann zu vergeben, der so eine ungeheuerliche Tat begangen hatte? Vielleicht waren es die christlichen Werte, die meine Eltern verinnerlicht hatten und nun aktiv lebten. Zu verzeihen, sich zu versöhnen, Chancen zu geben. Zwischenzeitlich war ja auch mein Vater bei den Zeugen Jehovas eingetreten. Beide, ursprünglich streng katholisch aufgewachsen, wurden aktive Mitglieder der Gemeinde.

...

Trotz aller guten Vorsätze kehrte keine Ruhe in unserer Familie ein: Mein Vater war weiterhin dem Alkohol verfallen. Der Kreislauf von Trinken, Entgiftung, Therapie, trocken und wieder rückfällig werden setzte sich fort. Es wurde mit der Zeit sogar immer schlimmer: Es gab Momente, in denen nun meine Mutter in ihrer Hilflosigkeit so durchdrehte, dass ich fürchtete, sie wiederum könnte meinen Vater umbringen.

Als er sich einmal im Suff im Duschvorhang verheddert hatte und dabei die Vorhangstange herunterriss, flippte meine Mutter aus und schlug vor Wut und Verzweiflung mit aller Wucht auf seinen Rücken ein. Ich war schnell ins Bad gelaufen und versuchte sie davon abzuhalten, ihm auch noch ein Handtuch um den Hals zu wickeln und daran zu ziehen. Sie war so außer sich, wie ich sie noch nie erlebt hatte. Komplett außer Kontrolle. Ich zog weiter von hinten an ihr und schrie, sie solle aufhören. Doch sie schlug weiter um sich. Und mein Vater wehrte sich nicht mal. Gerade in diesem Moment klingelte das Telefon, ich rannte hin, hoffte auf

Hilfe. Es war ein Musikerkollege meines Vaters. Aus vollem Hals schrie ich hysterisch in den Hörer: „Mama will den Papa umbringen!“ Da wurde es plötzlich still im Bad. Voller Furcht ging ich zurück und fand meine Eltern auf den Boden gesunken, nass und total erschöpft. Keiner bewegte sich. Ich konnte Tränen auf dem Gesicht meiner Mutter erkennen. Niemand sprach mehr ein Wort. Nur aus der Brause lief weiter Wasser.

Nun startete wieder das Normalprogramm: Beruhigung, Entgiftung, Therapie. Ein ewiges Auf und Ab. Bis zur nächsten dramatischen Szene.

Immer wieder war es an mir, Verantwortung für meine Eltern zu übernehmen, obwohl ich selbst noch so jung war. Einmal, als meine Mutter wegen einer Operation im Krankenhaus lag, waren meine Brüder und ich mit meinem Vater allein zu Hause.

Es war Fasching und er wollte nicht auf seinen Auftritt in einer Gaststätte verzichten. Also nahm er mich, acht Jahre alt und das jüngste der Kinder, kurzerhand mit zum Konzert. Als es später und später wurde, fiel ich fast um vor Müdigkeit. Irgendwann legte ich mich mitten im lautesten Halligalli auf eine Eckbank und versuchte zu schlafen. Mit halboffenen Augen beobachtete ich noch, wie die Bedienung zu der Band auf die kleine Bühne ging und auf einem runden braunen Tablett Schnapsgläser anbot. Das hatte ich befürchtet.

Ich wusste, ich hätte auf meinen Papa aufpassen sollen, wie ich es bei meiner Mutter oft gesehen hatte. Bei solchen Gelegenheiten hatte sie immer die Bedienung instruiert, meinem Vater auf keinen Fall Alkohol auszuschenken, denn er konnte schon nach kleinen Mengen nicht mehr stehen. „Keinen Schnaps für Joe, verstanden?!“ Er vertrug nicht viel.

Ich hörte meinen Vater noch durchs Mikrofon lallen und sah ihn schwanken und stolpern. Es war mir zwar schrecklich peinlich, aber ich war einfach zu müde, um irgendetwas zu unternehmen, also schlief ich ein.

Mitten in der Nacht weckte mich die Bedienung. Ein Taxi stehe bereit. Schlaftrunken sah ich, wie zwei Kumpels meines Vaters ihn aus der Kneipe zogen und ins Taxi verfrachteten. Wie im Automodus suchte ich die Sachen meines Vaters zusammen: Cowboyhut, Gitarre, Zigaretten. Das kannte ich schon. Ich war es, die dem Taxifahrer unsere Adresse nannte und ich war es auch, die ihm bei der Ankunft sagen musste, dass wir kein Geld dabeihatten. Nicht einmal die 13 Mark, die die Fahrt gekostet hatte. „Bitte kommen Sie morgen nochmal vorbei. Dann bekommen Sie Ihr Geld", bat ich ihn. Der Mann war gutmütig und willigte ein. Ich bin sicher, ich tat ihm leid.

Irgendwie schleppte sich mein Vater in die Wohnung und krachte schon schnarchend auf das Sofa. Ich zog ihm die Stiefel aus und stellte den Wecker für meine Brüder, die am nächsten Tag ins Skilager fuhren. Erst dann konnte ich selbst ins Bett gehen und noch kurz schlafen, bevor ich in die Schule musste.

Unsicherheit und Orientierungslosigkeit begleiteten meine ganze Kindheit und Jugend. Ich hatte einfach keinen Plan, wo es hingehen sollte.

...

Aber es gab natürlich auch schöne Zeiten. Vor allem, wenn uns mein Opa aus Bremen besuchte, war ich immer im Glück. Größtes Highlight: Wenn er mit mir zum Schlittschuhlaufen nach

München fuhr. „Du bist sehr begabt“, lobte er mich immer, wenn ich meine Pirouetten drehte. Mein Opa! Er hat nie geschimpft, war immer lieb und guter Laune.

Einmal ging er mit mir in einen Spielzeugladen mitten in München. „Du darfst dir etwas aussuchen, egal was“, sagte er, als wir den Laden betraten. Es war, als hätte ich das Tor zum Schlaraffenland gefunden. Zu Hause bekam ich immer nur gebrauchte Sachen: gebrauchte Kleider, gebrauchte Spielsachen, gebrauchte Fahrräder. Aber jetzt verließ ich das Geschäft mit einem funkelnagelneuen Puppenwagen, der nur mir ganz allein gehörte. Es war einer der schönsten Momente meines Lebens.

Aber auch mit meinen Eltern gab es entspannte Phasen, wenn auch nicht viele. Wenn mein Vater Konzerte hatte, fuhren wir in den Ferien mit ihm durch ganz Deutschland. Urlaub, wie andere Kinder ihn mit ihren Eltern machten, kannte ich eigentlich gar nicht. Nur einmal verbrachten wir gemeinsam eine Zeit in den Schweizer Alpen. Das war im Winter. Ich erinnere mich an die verschneiten Hänge und an die Aussichtsplattform über den Wolken. Dort stand ich und war fasziniert von dem Gedanken, dass es diese unendliche Weite wohl auch am Meer geben müsse.

Doch allzu schnell kehrten wir in die Normalität zurück und der Stress ging von vorne los. Meine Grundschule befand sich in einem sozialen Brennpunkt. In unserem Viertel wohnten fast alle Familien in Sozialwohnungen, und der Ausländeranteil war schon damals sehr hoch. Hinzu kam in dieser Zeit der Kosovo-Krieg, infolgedessen viele Flüchtlinge ohne Deutschkenntnisse zu uns in die Klassen kamen. Die Lehrer waren durch die Förderung dieser Kinder so sehr gefordert, dass viele Inhalte auf der Strecke blieben.

Schon in der Grundschule galt bei uns das Gesetz des Stärkeren oder zumindest des Cooleren. Meine Kindheit endete in der dritten Klasse. Spätestens ab da hieß es, sich zu beweisen, wenn man dazugehören und nicht von den Mitschülern ausgegrenzt werden wollte. Allerdings zeigte man hier seine Stärke nicht mit seinen besonderen Fähigkeiten, sondern damit, wer die anderen am besten fertigmachen konnte.

Das wurde auf der Hauptschule, die ich später gemeinsam mit meiner Freundin Lilli besuchte, nicht besser. Wieder eine sogenannte Brennpunktschule, Riesenklassen und Multikulti mit all seinen Problemen und Herausforderungen. Wieder standen in der Schule nicht die Lerninhalte im Vordergrund, sondern die Rangordnung im sozialen Gefüge und Äußerlichkeiten wie coole Kleider und Schminke. Gute Noten zu erzielen war mir gleichgültig. Ich konnte mich ohnehin gar nicht auf fachliche Dinge konzentrieren. Ich war schon als kleines Kind recht hibbelig gewesen. Das Kiffen hat sicher auch nicht gerade geholfen.

Da mein Vater selbst sehr autoritär erzogen worden war, wollte er uns den schulischen Druck, den er kannte, ersparen. Ich hatte zwar den Wunsch, in der Schule besser zu sein und an meinen Leistungen etwas zu ändern, wusste aber gar nicht, wo ich ansetzen sollte. Im Rückblick wurde mir klar, dass ich etwas mehr Unterstützung und Anleitung von meinen Eltern gebraucht hätte. Heute denke ich, dass mir damals etwas mehr Strenge gutgetan hätte.

Mir wären auch nie Ambitionen in den Sinn gekommen, in eine höhere Schule zu wechseln. Alle um mich herum waren ja auf der Hauptschule. Da wäre es doch komisch gewesen, wenn ich plötzlich auf das Gymnasium hätte gehen wollen.

Trotzdem hatte ich ein einziges Vorbild, das anders war: meine Tante. Sie hatte als Einzige in der gesamten Familie studiert. Sie war Bankerin, mit einem Arzt verheiratet und hatte sich ein wohlsituiertes Leben erarbeitet. „Gib dir große Mühe in der Schule, dann kannst du ein besseres Leben führen!", ermunterte sie mich immer wieder. Doch ohne eine konkretere Motivation und regelmäßige Unterstützung im Schulalltag kam ich nicht voran. Ich fühlte mich darin komplett alleingelassen. Wo sollte ich denn ansetzen? Und vor allem, wo doch alle anderen um mich herum auch nicht bestrebt waren, aus ihrem Leben etwas zu machen. So dümpelte ich durch die Schule. Immer wieder schaltete sich meine Tante ein und ermutigte mich zu einem Schulabschluss. Wenn ich ihn schaffen würde, dürfe ich mir aussuchen, ob ich einen Roller-Führerschein machen oder mit ihrer Familie in den Urlaub fahren wollen.

Tatsächlich war ich von den angenehmen Lebensumständen meiner Tante und meines Onkels beeindruckt. Wann immer ich zu Besuch war und auf meine kleine süße Cousine aufpasste, wurde mir vor Augen geführt, dass Geld doch viele Wege eröffnet. Meine Cousine wurde gefördert und verwöhnt. Sechs Tage die Woche wurde sie zu irgendwelchen Aktivitäten und Hobbys kutschiert: Reiten, Tennis, Klavier … Ein Traum für mich. In diesem Haushalt wurden alle Probleme oder Bedürfnisse mit Geld gelöst. Auch schulisch bekam meine Cousine jede Hilfe, die sie brauchte. Wenn sie eine schlechte Note in der Schule schrieb, wurde einfach eine Nachhilfelehrerin engagiert. Geld war ja kein Thema.

Das war bei mir zu Hause anders. Unsere Eltern halfen uns zwar so gut es ging bei den Hausaufgaben, aber die ständige

Unruhe in der Familie ließ gar keine Kontinuität zu. Meine Eltern waren zu sehr mit sich selbst beschäftigt und damit, den Alltag zu bewältigen. Eine wirkliche schulische Förderung erfuhr ich nicht. Und Geld für einen Nachhilfelehrer wäre gar nicht da gewesen. Aus einem guten Schulabschluss wurde (unter anderem deshalb) also nichts.

Mit meiner Leistungsfeststellung nach der neunten Klasse hatte ich auch keine großen Chancen. Genauso wenig wie meine Freundin Lilli, mit der ich damals fast alles gemeinsam tat, weil wir uns damit sicher fühlten. Das ging so weit, dass wir uns sogar am Vortag absprachen, ob wir gemeinsam die Schule schwänzen wollten. So hatten wir auch das erste obligatorische Schulpraktikum bei einem Malerbetrieb gemeinsam absolviert.

Nur für das zweite Praktikum trennten sich ausnahmsweise unsere Wege: Während Lilli bei einem Automechaniker unterkam, verbrachte ich eine Woche bei einer Floristin. Das war sofort mein Ding. Ich konnte mich kreativ austoben, durfte mir im Lager verschiedene Blumen und Gräser aussuchen und damit selbst Sträuße, Kränze und Töpfe gestalten. Die Floristin war so begeistert von meiner Arbeit, dass sie die fertigen Kreationen sogar im Laden zum Verkauf anbot.

Meine Chefin pflegte auch Gräber. Einmal fuhr sie mich auf den Friedhof, stellte Pflanzen und Blumen neben ein Grab, sagte: „Mach' das mal schön!" und ging wieder in ihren Laden. Ich war ganz perplex und stand erst einmal längere Zeit untätig da. Doch schon mit der ersten gepflanzten Blume war ich so vertieft in meine Aufgabe, dass meine Unsicherheit verflog. Am Nachmittag kam die Auftraggeberin total begeistert in das Geschäft: „Das Grab ist so toll geworden! Vielen Dank!" Meine Chefin drehte sich zu mir um und deutete auf mich: „Das war Sara, unsere Praktikantin!" Die Kundin bedankte sich herzlich bei mir und steckte mir 10 Euro zu. Das war für mich eine solch ungewohnte Bestätigung, ein derartig wunderbares Erfolgserlebnis in meiner sonst grauen Welt, dass ich mir dachte: „Ich könnte ja Floristin werden!" Das sah meine Chefin ähnlich: Tatsächlich bot sie mir nach dem Praktikum einen Ausbildungsplatz bei ihr an. Endlich eine Perspektive! Ich schwebte fast nach Hause. Genau das war es: „Ich werde Floristin", schwärmte ich meiner Mutter vor. Doch leider kam es anders. Sage und schreibe eine Woche vor Arbeitsbeginn verkaufte die Geschäftsführerin ihren Laden. Damit war mein Ausbildungsplatz als Floristin dahin.

Was sollte ich jetzt nur tun? Lilli hatte zwischenzeitlich einen Platz an einer Berufsschule für Maler und Lackierer bekommen. Aus Mangel an Alternativen meldete ich mich dort einfach auch an.

Überraschenderweise lief die Berufsschule allerdings richtig gut. Ich war sogar Klassenbeste. Die Lehrer dort schauten immer darauf, was wir konnten, nicht darauf, was uns noch fehlte. Das war für mich eine ungekannte Motivation. Nur leider war ich verführt, mit Lilli viel Quatsch zu machen. Und noch immer waren Drogen meine täglichen Begleiter. Wir nahmen sogar manchmal eine Bong mit in die Schule, um in der Pause zu rauchen. Obwohl ich das Jahr gut absolvierte, packte ich es hinterher einfach nicht, mich zu bewerben. Ich verstehe heute selbst nicht, warum. Stattdessen jobbte ich als Küchenaushilfe in einer Kantine – ohne Vertrag, fast rund um die Uhr. Nach ein paar Monaten wollte ich mich aber nicht länger ausbeuten lassen und schmiss den Job hin. Ab da lungerte ich zu Hause bei meinen Eltern herum, die mich finanzierten. Wie mir ging es vielen in unserem Viertel. Und so hingen wir gruppenweise im Park oder auf der Straße herum und rauchten. Ohne Perspektive. Ich fühlte mich wie immer nutzlos, wertlos, leer und ohne Identität. Das kannte ich nicht anders.

...

Identitätssuche war seit jeher mein großes Thema. Ich konnte mich nicht einmal richtig damit identifizieren, dass ich ein Mädchen war. Mit drei großen Brüdern hatte ich schon immer Schwierigkeiten gehabt, meinen Platz in der Familie zu finden. Ich hatte zwar ein eigenes Zimmer, aber ich musste teilweise die Kleidung meiner Brüder auftragen. Ich war also auch in der Schule nicht das typische Mädchen, das Rüschen liebte und Glitzer. Wenn ich ein normales Mädchen wäre mit rosa Kleidern und Haarspängchen, dann wäre ich bei den Lehrerinnen sicher beliebter, ist es mir oft durch den Kopf gegangen. Mein Markenzeichen war aber lange Zeit eher das Rowdy-Outfit. Ich spielte liebend gerne mit meinen Brüdern und ihren Freunden Fußball – und war sogar ziemlich gut. Aber irgendwann hörte ich auf mit ihnen zu kicken, weil ich von ihnen dafür gehänselt wurde, zu burschikos, so „unmädchenhaft" zu sein.

Doch als die erste Fußballmannschaft für Mädchen in unserem Ort gegründet wurde, trat ich dort bei. Drei Jahre lang trainierte ich mit ihnen. Mit zwölf Jahren musste ich allerdings aufgrund des Alters in ein anderes Team wechseln. Und noch immer wurde ich wegen meines Hobbys belächelt. Mädchen und Fußball? Das war für viele ein Widerspruch. Frauenfußball war damals gerade erst im Kommen. Für das, was ich gerne machte und gut konnte, bekam ich also wieder keine Anerkennung.

Tief in mir wollte ich eigentlich immer nur ganz „normal“ sein, mit einer normalen Familie, was auch immer das ist. Mein Selbstbild war auf jeden Fall ziemlich verquer. Ich war also weder ein richtiges Mädchen noch war ich ein Junge. Ich war anders als die anderen, fühlte mich überflüssig in dieser Welt. Total wertlos. Warum hatten meine Eltern mich überhaupt bekommen, wo doch eh alles so chaotisch war? Meine Selbstzweifel wurden immer lauter. Als Reaktion kiffte ich immer häufiger. Ich konnte in nichts einen Sinn sehen.

Als ich wieder einmal wie so oft bei Lillis Vater mit den anderen kiffte, lernte ich einen Freund von ihm kennen, der anders war. Er wurde von allen „der Heilige Peter“ genannt. Er ging offen mit seinem christlichen Glauben um. In unserem Freundeskreis wurde er deshalb belächelt. Lillis Vater nahm ihn auch gar nicht ernst: „Tu doch nicht so, du Pharisäer! Heilige Sprüche klopfen und gleichzeitig sündigen, das passt ja wohl nicht zusammen!“ Auch ich wusste damals nicht so recht, was ich davon halten sollte. Doch er hatte, auch wenn er selbst haschte, sein Leben im Griff. Das imponierte mir.

Er sah wohl Potenzial in mir und bot mir an, in der Kantine, die er gegründet hatte, eine Ausbildung zu machen. Eine großartige Chance. Die ich mir jedoch selbst verbaute. Ich ging ein paarmal hin, doch dann lernte ich Michael kennen. Wir verliebten uns, und ab dem Moment hing ich nur noch an ihm und ließ alles andere schleifen. Ich meldete mich so oft bei der Arbeit krank, dass ich mich irgendwann gar nicht mehr traute, dort aufzutauchen. Peter ließ lange Zeit nicht locker und rief immer wieder an, um mich zurückzuholen. Aber ohne Erfolg. Mein Weg war ein anderer. Noch.

Mit achtzehn Jahren wurde ich mit meiner ersten Tochter Alicia schwanger. Ein eigenes Kind war schon lange mein Traum gewesen. Mein Bruder war auch früh Vater geworden und ich war damals die stolzeste Tante im ganzen Ort. Wann immer ich meine Nichte mit dem Kinderwagen durch die Straßen schieben durfte, war das ein wunderbares Gefühl. Endlich ergab etwas Sinn in meinem Leben. Ich war so stolz. Damals gab es die ersten Fotohandys. Ich konnte gar nicht aufhören, von dem kleinen Wesen, für das ich dann verantwortlich war, Fotos zu machen. Diese Momente waren wie ein Hoffnungsschimmer auf eine heile Welt.

Und nun war ich selbst Mutter. Zuerst zogen Michael und ich zusammen in mein Kinderzimmer bei meinen Eltern. Man kann sich allerdings vorstellen, dass das kein geeigneter Ort war, um dort als Familie zu leben. Kurz nach der Geburt fanden wir Gott sei Dank eine eigene Wohnung.

Aber nicht nur für mich war die Geburt meiner Tochter das größte Glück. Auch für meinen Vater war dies ein einschneidender Punkt in seinem Leben. Nach zig Entgiftungen hatte es endlich Klick bei ihm gemacht: Die Tatsache, dass er nun der Opa meines Kindes wurde, brachte ihn dazu, wirklich hinzuschauen, warum er alkoholabhängig war. Mithilfe einer Psychotherapie in einer Entzugsklinik schaffte er es, noch als ich schwanger war, trocken zu werden. Doch alle um ihn herum bezweifelten, ob er es dieses Mal wirklich durchhalten würde, allen voran meine Mutter. Denn wie oft hatte sie erlebt, dass es wieder kippte. Erst nach ein oder zwei Jahren realisierte ich, dass mein Vater schon so lange nicht mehr getrunken hatte. „Hat er wirklich ganz damit aufgehört?", versicherte ich mich bei meiner Mutter. „Ja, keinen Tropfen!", bestätigte sie. Jetzt wurde mir auch bewusst, dass die Atmosphäre in unserer Familie deshalb schon lange viel entspannter war.

Tatsächlich ist er bis zum heutigen Tag nie wieder rückfällig geworden. Das ist nun fünfzehn Jahre her. Ich glaube auch fest daran, dass es so bleibt. Ich bin so stolz auf ihn, dass er es geschafft hat, vor allem, weil es für Alkoholiker besonders schwierig ist, abstinent zu bleiben. Alkohol ist ja überall ohne jegliche Hürde und legal verfügbar. Auch wenn es weiterhin – ein ganzes Leben lang – ein Kampf für ihn bleiben wird, ist die Willenskraft meines Vaters so stark wie nie zuvor. „Sei kein Opfer!" lautet sein WhatsApp-Status.

...

Ich bin Sara. Ohne h. Das war mir immer sehr wichtig. Meine Eltern haben mir oft erzählt, dass sie diese Schreibweise ganz bewusst gewählt haben, weil sie an die biblische Sara aus dem Alten Testament erinnern soll, an die Frau von Abraham. „Du bist etwas ganz Besonderes", sagten sie dann liebevoll zu mir. Sara *mit* h gab es in meiner Schule oft. Ich aber durfte mich mit der Auserwählten aus der Bibel identifizieren. Irgendwie ahnte ich schon damals, dass ich auch nicht war wie die meisten anderen. Erst viele Jahre später, als ich anfing die Bibel zu lesen, wurde mir klar, wie sehr mein Name – ohne h – tatsächlich zu mir passte: „Sara rief: Gott lässt mich wieder lachen! Jeder, der das erfährt, wird mit mir lachen!" (1Mo 21,6 Hfa) Denn da hatte ich es bereits erfahren: Der Herr hat mir meine Freude wieder geschenkt.

Alles für die Schönheit

Große Brüste, Wespentaille, lange glatte braune Haare, flacher Bauch, voluminöse Lippen – knallrot geschminkt –, schwarze dichte Wimpern, die Beine gleichmäßig gebräunt. Bauchfrei – klar, Hotpants – klar, enge hochhackige Stiefel – klar. Die farbigen Fingernägel aufgeklebt, vorne gerade, wie abgehackt und mit Strass verziert. Und: Gucci-Handtaschen! So und nicht anders! Die Frauen aus den Hip-Hop-Videos meiner Kindheit waren für uns Mädchen das Nonplusultra. Alles andere war nur *Bullshit* und *Trash*. Stundenlang zogen wir uns die Videos von Snoop Dogg rein und überlegten, wie wir an die coolen Klamotten rankommen könnten, die die *Girls* dort trugen. Und wenn es nur Imitationen wären, das war immer noch besser als nichts ... Die echten Markenkleider hätten wir uns alle ja gar nicht leisten können.

Immer und immer wieder übten wir die Posen ein, die uns die Frauen auf YouTube vormachten. Lippen zusammenpressen und nach vorne schieben. Die Hand keck in die Hüfte stemmen, Po rausstrecken, Brüste sowieso – wenn man sie schon hatte. Verführerischer Wimpernaufschlag. Und locker irgendwo anlehnen oder auf einer Motorhaube mit hochhackigen Lackschuhen sexy sitzen.

Nur so sind Frauen schön. Nur so sind sie begehrenswert. Nur wenn sie *hip-hop-perfekt* sind. Nur so wäre *ich* schön. Davon war ich überzeugt. Schon mit zehn Jahren.

Doch ich konnte natürlich nicht mithalten. Weder hatten meine Eltern das Geld, um mir die modernsten Klamotten zu kaufen, noch konnte mein Körper mit dem vermeintlichen Idealbild konkurrieren. Schlechteste Voraussetzung: Meine Brüste wollten einfach nicht wachsen. Außerdem hatte ich sogenannte „Vampirzähne", also Eckzähne, die spitzer und größer waren als die anderen. Mit blöden Sprüchen wurde ich ständig von meinen Mitschülern gemobbt. „Na, ziehst du bald nach Transsylvanien um? Wie viel Liter Blut pro Nacht brauchst du denn so? Sag einen Gruß an Dracula!" Das blöde Gerede war eine schlimme Belastung für mich; ich wollte doch gar nicht gesehen werden, zumindest nicht, solange ich mein Schönheitsideal nicht erreicht hatte. Ich konnte gegen solche Zähne ja nichts tun, dachte ich damals. Und ich fühlte mich sowieso in meinem ganzen Körper unwohl. Kurz gesagt: Ich fühlte mich ganz und gar hässlich.

Als sich die Mode änderte und weite Kleider in waren, konnte ich mich etwas entspannen. Ich versteckte einen Großteil meines Körpers über etwa zwei Jahre hinweg in riesigen Jogginghosen und weiten – wenn auch bauchfreien Oberteilen. So konnte ich einigermaßen verheimlichen, dass ich mit 14 und auch noch mit 16 kaum Oberweite hatte. Meine ganze Weiblichkeit blieb blickdicht versteckt. Wie man sich wirklich schön weiblich kleidete, blieb ein Buch mit sieben Siegeln. Hätte ich doch nur eine große Schwester gehabt! Die hätte mir sicher gute Tipps geben können!

Ich brachte damals alles in Verbindung mit Äußerlichkeiten. Als Teenie war ich lange Zeit in den besten Freund meines Bruders verknallt. Er hatte zu der Zeit wechselnde Freundinnen – alle perfekt! Super Figur! Wunderschöne Zähne! Tolle Haare! Ich habe diese Mädchen immer genau unter die Lupe genommen, weil ich dachte, dass ich mir etwas abschauen könnte. Wäre ich doch nur annähernd so wie sie, hätte ich vielleicht eine Chance bei ihm. Aber leider wurde daraus nichts. (Schön hin oder her, der *Ehrenkodex* unseres Viertels hätte es ihm sowieso nicht erlaubt, mit der Schwester seines besten Freundes etwas anzufangen.)

Stattdessen hing ich immer mit Lilli und einer Mädchenclique herum, die ständig neuen Ärger anstiftete und sogar für Schlägereien verantwortlich war. Die Eltern einer meiner Freundinnen betrieben an Fasching immer einen Glühweinstand. Mit einer Gruppe von etwa zehn Freunden trieben wir uns dort als Teenies den ganz Tag herum. In einem Jahr bekamen wir eine Tasse nach der anderen umsonst. Schon ziemlich angetrunken kreuzte eine andere Gruppe Jugendlicher unseren Weg. Ein Mädchen von ihnen provozierte mich so sehr, dass ich ihm unvermittelt ins Gesicht schlug. Mir war schlichtweg eine Sicherung durchgebrannt. Urplötzlich waren wir allesamt in eine Massenschlägerei verwickelt. Als zwei Polizisten auftauchten, um für Ruhe zu sorgen, rannten unsere Gegner weg und die Lage entspannte sich wieder.

Im Nachhinein ist mir klar geworden, dass wir mit diesen Pöbeleien und Aggressionen unseren Frust auslebten, den wir von zu Hause mitbrachten und „abarbeiten" mussten. Viele Familien in unserem Viertel hatten große Probleme; die Eltern arbeitslos, Sozialhilfeempfänger, Perspektivlosigkeit. Auch Gewalt war nicht selten in den Familien. Alkohol gehörte eh dazu. Eigentlich waren wir alle nur sehr, sehr frustriert. Der Stress brauchte einen Kanal. Die Wut musste irgendwo raus. Und wir konnten mit unserem für Mädchen eigentlich untypischen Verhalten von uns selbst und *unseren* Problemen ablenken, indem wir sie auf andere projizierten.

...

Auch als ich schon längst mit Michael zusammenwohnte und Mutter war, änderte das nichts daran, dass ich weiterhin extrem auf mein Äußeres fixiert blieb. Ich habe damals sehr gelitten. Nicht nur in meinem Körper habe ich mich unwohl gefühlt. Das gesamte Lebenspaket erschien mir falsch. Ich fühlte mich gefangen und wusste einfach nicht, wo ich ansetzen sollte, um etwas zu ändern. Anstatt für meine Wünsche zu kämpfen, suhlte ich mich in meiner Unzufriedenheit. Völlige Perspektivlosigkeit, kein Ziel, keine Berufsaussichten, keine finanziellen Mittel. Ich steigerte mich immer mehr in die fixe Idee hinein, dass alles anders wäre, wenn ich nur schöner wäre. Dass ich dann endlich aus dem Loch, in dem ich saß, herauskäme, dass ich dann endlich glücklich wäre.

Hätte ich nur genug Geld, ich würde mich sofort operieren lassen: Brüste vergrößern, Zähne schleifen, Haare mit Extensions verlängern ... Denn nach meiner ersten Schwangerschaft waren meine Brüste noch kleiner und ich noch unzufriedener. Und zu allem Unglück kam noch hinzu, dass meine Schneidezähne abbrachen, als ich in eine Semmel biss. Immer lebte ich mit diesem Risiko, weil ich eine Veranlagung zu brüchigen Zähnen habe. Ich war am Boden zerstört. Ich schien mich trotz aller Bemühungen immer mehr von meinem Idealbild zu entfernen.

In dieser Zeit schaute ich mir regelmäßig im Fernsehen auf einem Privatsender eine Schönheitssendung an, in der Kandidatinnen vor laufender Kamera äußerlich verändert – verschönert wurden. „Seien Sie auch dabei! Bewerben Sie sich noch heute!" Als dieser Satz eines Abends am Ende der Sendung eingeblendet wurde, keimte in mir die Idee auf, ich könnte tatsächlich mitmachen! Ja klar! Warum bin ich darauf nicht schon früher gekommen! Ich müsste dann ja keinen Cent für die schon so lange ersehnten Schönheitsoperationen zahlen! Ich notierte mir die angegebene E-Mail-Adresse und ging damit ins Nebenzimmer, wo Michael am Computer saß und zockte. Voller Euphorie umarmte ich ihn: „Ich mache bei der Schönheitssendung mit! Ich lass mich operieren!" Michael reagierte verhalten, überließ mir aber ohne Weiteres den Computer, damit ich meine Bewerbung abschicken konnte.

Er war zu der Zeit jeden Tag stundenlang mit Online-Poker beschäftigt. Das war eine Sucht von ihm. „Wenn ich gewinne, zahle ich dir eine Brust-OP!", versprach er mir immer wieder. Obwohl es mir eigentlich nicht recht war, tolerierte ich sein Gezocke unter dieser Voraussetzung. Alles war mir recht, Hauptsache ich könnte endlich meinen Traum vom perfekten Körper verwirklichen. Auch eine Sucht. Aber das war mir damals noch nicht klar. Jetzt sah ich endlich einen anderen Weg. „Ich bewerbe mich bei der Sendung! Für mich brauchst du jetzt nicht mehr zu pokern!", sagte ich noch am selben Abend zu Michael. Ich hatte eine Entscheidung getroffen und schrieb sofort eine E-Mail an die Redaktion, mit der ich mich als Kandidatin bewarb. Ich tat, wozu ich aufgerufen worden war: „noch heute". In dieser Nacht wälzte ich mich im Bett hin und her.

...

Tatsächlich! Schon am darauffolgenden Tag erhielt ich einen Anruf von einem Redakteur der Sendung. Er war super interessiert an meiner Bewerbung. Schließlich wäre ich mit zwanzig Jahren die bis dato jüngste Kandidatin, wenn alles klappte. Er löcherte mich mit vielen Fragen. Warum ich teilnehmen wolle. Welche Wünsche ich hätte. Wie ich denn aussehen wolle. Was ich für Erwartungen an die Sendung hätte. Ob ich gesund sei. Ob ich psychische Probleme hätte. Ob ich Medikamente einnähme. Mir waren viele seiner Fragen unangenehm. Aber ich wollte unbedingt dabei sein, also beantwortete ich sie alle brav.

Als ich ihm wahrheitsgemäß antwortete, dass ich seit einem Jahr ein Antidepressivum einnahm, war es vorbei mit seinem Enthusiasmus: „Tut mir leid. Dann können wir Sie nicht nehmen." Mein Herz sackte mir in die Hose. Nein! Bitte! Das konnte doch nicht sein! Warum denn? Obwohl ich mir die Antwort selbst hätte geben können, erklärte mir der Redakteur geduldig, dass die Kandidatinnen erstens psychisch stabil sein müssten und es zweitens während der Operationen kein Risiko in Bezug auf Wechselwirkungen mit Medikamenten geben dürfe. Das leuchtete mir sofort ein. „Aber ich will doch unbedingt mitmachen! Was kann ich tun?", bettelte ich ihn an. „Okay, ich verstehe ..." Nach einem kurzen Schweigen hatte er die Lösung parat: „Sie müssen drei Monate keine Medikamente genommen haben, dann können wir nochmal miteinander sprechen." Ja! Ja! Ja! Ich war erleichtert und vereinbarte sofort einen Termin bei meinem Psychiater, der mir die Abstinenz bestätigen musste.

Noch am selben Abend setzte ich das Antidepressivum ab. Schnell spürte ich, dass mir das Medikament fehlte und mir die Tage noch schwererfielen. Ich fühlte mich noch schlechter als zuvor. Auch mein Umfeld merkte es. Ich war extrem launisch. Michael und ich stritten täglich, noch häufiger als früher. Ich konnte mich nur noch um das Nötigste kümmern. Aber ich hielt durch, denn ich hatte nur dieses eine Ziel: Kandidatin bei der Schönheitssendung im Fernsehen zu sein.

Exakt auf den Tag genau drei Monate später rief ich den Redakteur freudig an: „Es kann losgehen!" Ich hatte die vorgegebene Zeit ohne das Medikament ausgehalten. Die Ärzte konnten mich und mein Blut nun ruhig durchchecken. „Fantastisch!" Der Redakteur war auch begeistert.

...

Nun ging alles ganz schnell. Das Kamerateam der Produktionsfirma rückte schon wenige Tage später bei uns zu Hause an. Sie filmten mich überall. Sogar im Bad. Gleichzeitig wurde mir gesagt, es sei gar nicht sicher, dass ich wirklich mitmachen dürfe. Es müssten Probeaufnahmen gemacht werden. Danach würde man entscheiden. Das hat mich nervlich ganz schön mitgenommen. Es gab sogar Momente, in denen ich es fast abgebrochen hätte. Aber alle um mich herum – meine Freunde und meine ganze Familie – standen auf meiner Seite und hofften mit mir, dass ich nun endlich glücklich werden würde. Sie ermutigten mich, das nun durchzuziehen: Was für eine Chance!

Also auf zum nächsten Take. Filmaufnahme mit der Familie im Park vor unserem Haus. Meine Brüder und Michael kickten ein wenig hin und her. Ich machte ganz locker mit. Doch plötzlich schwenkte die Kamera auf die Seite, ich hörte einen Trillerpfiff. „Können wir mitspielen?" Da lief mein gesamtes ehemaliges Mädchen-Fußball-Team auf mich zu, umarmte mich, zog mir mein altes Trikot über und überschüttete mich mit Ermutigungen. Dieses Überraschungsmoment war geplant gewesen. Ich war die Einzige, die davon nichts wusste. Allerdings war ich alles andere als erfreut, obwohl ich das nach außen nicht zeigte – ich wollte den Dreh ja auf keinen Fall gefährden. Ich hatte mit den Fußballerinnen doch schon lange nichts mehr zu tun. Ich war verunsichert, warum sie plötzlich hier auftauchten, obwohl ich früher das Gefühl hatte, nicht eine von ihnen gewesen zu sein. Jetzt aber, wo sie womöglich ins Fernsehen kamen, tauchten sie auf…

Die Produzenten der Firma haben mit dieser Überraschung, wie eigentlich mit allem, was später noch kam, ein Psycho-Spiel mit mir getrieben. Sie wollten maximale Emotion erzeugen. Es ging von Anfang an nicht um mich, sondern um den Effekt und die späteren Einschaltquoten. Ich war aber weiterhin komplett naiv. Ich dachte sogar, dass das Taxi, das nach dem Aufeinandertreffen mit den Fußballerinnen vorfuhr und in das ich einsteigen sollte, mich tatsächlich direkt nach München ins Hotel bringen würde. Aber nein. Nach wenigen Hundert Metern hielt es an und fuhr wieder zurück. Die Abschiedsszene war jetzt schließlich im Kasten. Ich blieb stattdessen noch eine ganze weitere Woche zu Hause. Erst dann ging es richtig los. Alles pure Dramaturgie. Ja, und Fake.

Sechs Frauen. Sechs Wochen. Ein schickes Hotel in München. Schönheit und München, das passt und klingt edel, oder? Ja, so sieht es auch in der Sendung aus. Allerdings wurde auch da nicht die ganze Wahrheit gezeigt. Denn nicht alle Frauen wurden in der modernen superhippen und gestylten Praxis in München operiert, die man im Fernsehen später in der ersten und letzten Sendung sehen konnte. Die fungierte vor allem als Vorzeige-Kulisse. Genauso wie der luxuriöse Bonzen-Eingang der Praxis in Köln, in der keine von uns je behandelt wurde. Wir wurden dabei gefilmt, wie wir hineingingen. Die Behandlungsräume bekamen wir aber nicht zu sehen. Weiter ging es stattdessen nach Düsseldorf, wo sich eine weitaus weniger ansehnliche, ziemlich unscheinbare Nebenpraxis der Schönheitsklinik befand, mit der der Fernsehsender zusammenarbeitete, und wo man sich auf Zähne spezialisiert hatte. Ein Fahrer brachte uns zwei- bis dreimal wöchentlich dorthin zu unseren Operationen.

Eigentlich wollte ich ja nur an den Brüsten und den Zähnen operiert werden. Doch die Ärzte boten mir zusätzlich eine Nasenoperation an. Ich ließ mich dazu überreden. Aber gegen das Aufspritzen der Lippen mit Hyaluronsäure wehrte ich mich.

Als der Operations-Marathon anfing, bekam ich erst einmal ziemlich Angst. Ich hatte ja auch niemand Vertrauten bei mir. Die gesamten sechs Wochen war ich von meiner Familie getrennt. Kein Kontakt. Das war der Deal. Das gehörte ebenfalls zur Dramaturgie, denn am Ende sollte die Familie ja als Highlight des Ganzen auf die Veränderung möglichst stark emotional reagieren. Sie sollte die Teilschritte nicht mitbekommen. Und die Gefühle sollten möglichst hochkochen.

Auch wenn ich Angst und dann auch hin und wieder Zweifel hatte, sagte ich mir immer wieder: Durchhalten! Ich zieh' das jetzt durch! Ich will glücklich sein! Ich will ein neues Leben starten! Die anderen Frauen, mit denen ich in der Zeit zusammenwohnte, hatten alle ihre eigenen Probleme. Auch sie schienen psychisch labil. Dabei hatte die Produktionsfirma doch anscheinend so viel Wert darauf gelegt, dass die Teilnehmerinnen ihr Leben im Griff hatten. Abgesehen von kleineren Zickenkrieg-Szenen haben wir uns eigentlich ganz gut verstanden. Aber eine Stütze konnten wir uns gegenseitig nicht sein.

Vor allem vor der Zahnoperation hatte ich großen Bammel. Es waren tatsächlich Horror-Termine! Meine „Vampirzähne", unter denen ich mein ganzes Leben gelitten hatte, wurden so weit weggeschliffen, dass nur noch Stifte übrigblieben. Darauf wurden dann Kronen gesetzt. Doch was für ein Schock: Die vorderen Schneidezähne wurden falsch herum aufgesetzt. Da ich ja das Problem mit der bröselnden Zahnsubstanz habe, konnte man das nicht einmal mehr ändern. Es wäre einfach zu riskant gewesen, dass die Zähne ganz und gar zerfallen. Ich konnte mit dem Heulen gar nicht mehr aufhören. Und es gab niemanden, der mich tröstete. Ich habe meine Familie, vor allem meine Kinder sehr vermisst. Andererseits war ich die meiste Zeit auch froh, einmal von zu Hause weg zu sein. Ich kannte es ja nicht, Urlaub zu machen, kleine Auszeiten zu haben. Es tat mir gut, aus dem Alltag und dem üblichen Trott weg zu sein. Und keine Drogen zu nehmen!

Als die Operationen vorbei und die Schnitte verheilt waren, kam das Styling an die Reihe. Wir bekamen einen Fragebogen, auf dem wir unsere optischen Wünsche für den letzten Drehtag ankreuzen konnten. Der Höhepunkt der Sendung, das Zusammentreffen mit Familie und Freunden, nahte.

Dunkle Haare? Locken? Welche Schminke? Nagellack? Kleider? Ich wusste genau, was ich wollte: vor allem lange dunkle glatte Haare.

Das Styling-Team nahm uns Kandidatinnen zu einem Outfit-Shopping mit, bei dem uns die Augen verbunden wurden. Es wählte für uns aus, was wir tragen würden. Danach verbrachten wir Stunden bei einem Promi-Friseur. Der war tatsächlich in München. Aber auch hier durften wir nicht zusehen.

Meine Vorfreude war riesig. Ich konnte es kaum erwarten, mich zu sehen. Ich war der Erfüllung meines Lebenstraums so nahe. So nahe … Jetzt würde alles anders werden! Da war ich mir sicher. Als der Spiegel vor mir endlich enthüllt wurde, konnte ich meine Tränen nicht zurückhalten.

Allerdings nicht vor Freude, wie ich erwartet hätte. Nein. Ich sah eine junge Frau, die ich nicht war. Diese Frau steckte in einem bunten Dirndl. Sie hatte kurze blondierte Haare. Ihre Haut war unterschiedlich braun und fleckig von einer Bräunungsdusche. Nein, das war nicht ich. „Ich will nach Hause!“, schrie das kleine Kind in mir, das so gerne endlich eine schöne Frau gewesen wäre. Doch die Kamera zeigte eine verunstaltete Person, die sich tränenüberströmt, die Hände fassungslos vor dem Gesicht, anscheinend über ihre seltsame Verwandlung freute. Eine Täuschung. Und ich spielte bis zum bitteren Ende mit.

Die letzte Szene: In einem Brauhaus am Ammersee. Meine

ganze Familie stand freudestrahlend in großer Erwartung vor mir. Ich wollte sie auf keinen Fall enttäuschen. Sie hatten sich doch alle so für mich gefreut. Und ich wusste: Die Kamera läuft. Was auch immer nun passierte, es würde im Fernsehen erscheinen. Millionen von Menschen würden es sehen. Also setzte ich eine Maske auf.

Später erfuhr ich, dass auch meine Familie eine Maske aufgesetzt hatte. Sie wollten mich nicht kränken, aber keiner fand mich schön, so wie ich vor ihnen stand. Keiner erkannte mich wieder. Nur meine Tochter kam auf mich zugerannt und warf sich mir in die Arme: „Mama, Mama, da bist du ja endlich wieder!“ Sie sah sicher mein Herz, nicht mein lächerliches Erscheinungsbild.

Bevor es endlich vorbei war, kam die Produktionsfirma nochmal richtig auf ihre Kosten, was ihren Wunsch nach einem emotionalen Finale betraf. Eine Woche zuvor hatte ich einer Mitarbeiterin in einem privaten Gespräch erzählt, dass ich eigentlich gerne heiraten würde. Das hatte sie gleich auf eine Idee gebracht: „Du könntest deinem Freund doch vor laufender Kamera einen Antrag machen!“, schlug sie vor. Ich war zunächst unentschlossen. Eigentlich wünschte ich mir, dass der Antrag von Michael käme. Doch als wir uns jetzt bei diesem ersten Wiedersehen umarmten, hörte ich die Redakteure im Hintergrund – „Jetzt, jetzt!“ – und fühlte mich unter Druck gesetzt. Also fragte ich Michael, ob er mich heiraten wolle. Und er sagte Ja. So waren wir also verlobt. Dabei hatten wir nicht einmal Ringe. Die haben wir erst zwei Monate später nachträglich gekauft. So unspektakulär hatte ich mir meine Verlobung sicher nicht erträumt. Ich war so unendlich froh, als endlich alles vorbei war und die Kameras ausgeschaltet waren.

Erst als ich wieder zu Hause war, traf mich die Erkenntnis mit voller Wucht. Die Stylisten hatten nicht einmal im Ansatz meine Wünsche berücksichtigt. Ich konnte mich mit deren Bild von mir überhaupt nicht identifizieren. Wieso hatten sie mich dann überhaupt nach meiner Meinung gefragt? Ich war so wütend, weil ich mich verarscht fühlte. Zwar habe ich für mein Mitwirken in der Sendung kein Honorar erhalten und musste für die Operationen auch nichts zahlen, aber ich hätte mir ein Minimum an Respekt gewünscht. Naiv, ich weiß.

Eine schöne Erinnerung nehme ich aus der Zeit dennoch mit. Als ich das erste Mal meine Brüste sehen durfte, die mit Implantaten aufgepolstert worden waren, schlug mein Herz wirklich höher. Ich hatte nach der Operation mehrere Tage lang einen Verband und einen Spezial-BH tragen müssen. Als er mir vor laufender Kamera abgenommen wurde, flippte ich fast aus: Ich war so stolz auf meine Oberweite. Endlich nicht mehr flachbrüstig! Das kann mir nun niemand mehr nehmen. Ich hatte mir schon vorher zwei schöne Spitzen-BHs in weichen Orange-Tönen gekauft. Die zierten nun meine neue Weiblichkeit.

...

Doch hatte sich der ganze Aufwand dafür wirklich gelohnt? Ich hatte ja nicht nur zwei schöne neue Brüste erwartet, sondern darauf gehofft, mich rundum anders, besser, glücklich zu fühlen. Es sollte der Wendepunkt in meinem Leben werden. Stattdessen habe ich noch am selben Abend wieder gekifft.

Ein neuer Absturz war nicht nur vorprogrammiert. Er fand direkt statt. Übergangslos rutschte ich wieder in mein altes Leben.

Die Haut war dieselbe. Die Seele auch. Ich fühlte mich keinen Deut anders als vor den ganzen Schönheitsoperationen. Nicht ein bisschen. Selbst meine Angewohnheit, die Hand vor den Mund zu halten, wenn ich lachte, konnte ich nicht ablegen. Obwohl doch meine „Vampirzähne" nun verschwunden waren. Ich war einfach immer noch ich. In meinem aussichtslosen Leben gefangen.

Mit voller Wucht traf ich auf das, was ich vor sechs Wochen zurückgelassen hatte: mein sinnloses Dasein. Nur war es jetzt noch viel schlimmer: Jetzt hatte ich nicht einmal mehr die Hoffnung. Meine Enttäuschung war so groß, dass ich noch mehr Drogen nahm, noch öfter kiffte als zuvor. Es ging mir richtig schlecht. Einzig für die Kinder konnte ich noch funktionieren. Irgendwann begann ich wieder, das Antidepressivum zu nehmen. Aber bis dahin war es ein langwieriger Prozess, weil man ewig auf einen Termin beim Psychiater warten musste. Ohne Psychiater kein Antidepressivum. Dabei hätte ich dringend und sofort Hilfe gebraucht.

Nicht nur ich war enttäuscht. Auch Michael hatte gehofft, eine zufriedenere Partnerin zurückzubekommen. Er dachte wohl, ich sei wie ausgewechselt, wenn ich vom Set heimkomme. Schließlich hatte ich doch jetzt, was ich immer gewollt hatte. Doch auch er war naiv gewesen. Was haben wir nur erwartet? Dass eine Hülle einen Menschen ändert?! Michael hatte seine eigenen Probleme und zog sich jetzt immer mehr von mir zurück. Wir sprachen wenig. Und wenn, dann stritten wir.

Es war also nicht besser geworden. Es wurde im Gegenteil noch schlimmer. So langsam dämmerte mir, wie sehr ich mich auch in der Öffentlichkeit angreifbar gemacht hatte. Ich hatte ja meine nackten Brüste von dem Kameramann filmen lassen. Viele, viele

Tausende Menschen, vielleicht sogar Millionen würden mich bei der Ausstrahlung der Sendung entblößt sehen. Natürlich wusste ich das bereits vor Beginn der Dreharbeiten. Das war ja *part of the game*. Aber da war ich noch vernebelt von dem unsagbar starken Wunsch, schön zu sein. Doch jetzt war ich „schön" und ich sah wieder klarer. Ich hatte solche Strapazen auf mich genommen, so viel Augenwischerei mitgemacht, aber nichts, absolut gar nichts hatte sich damit in meinem Leben geändert. Die Enttäuschung wechselte sich täglich mit Wut und Verzweiflung ab. Ich war an dem Tiefpunkt meines Lebens angelangt. So dachte ich.

Doch dann kam es noch dicker. Aus meiner Nase waren auf die Schnelle die Fäden nicht richtig gezogen worden. Das Team in der Klinik hatte schlampig gearbeitet. Die verbliebenen Reste entzündeten sich, die Nase musste erneut geöffnet werden. Die Zähne waren ja sowieso schon falsch gemacht worden. Und nach drei Wochen drehte sich auch noch eines meiner tropfenförmigen Brustimplantate. Die Gefahr, dass das öfter passieren könnte, war so hoch, dass die Implantate durch runde ersetzt werden mussten. Wieder eine Operation.

Warum ich? Warum verdammt noch mal ich? Warum immer ich? Ich wurde von den erneuten Eingriffen noch weiter psychisch heruntergezogen.

Sieben Monate nach den Operationen wurde die Sendereihe mit unserem Make-Over ausgestrahlt. Nun erkannten mich also auch Fremde auf der Straße und sprachen mich an. Wie unangenehm! Ich hatte mich ja zurückgezogen, weil es mir so schlecht ging. Auch Freunde wussten nicht so recht, wie sie mit mir umgehen sollten. Es war ein einziges Drama.

Heute spiele ich mit dem Gedanken, meine untere Zahnreihe noch einmal richten zu lassen, weil die Zähne seit der ersten Operation unterschiedliche Farben haben. Das stört mich einfach und ist ein minimaler Eingriff. Aber einer weiteren Schönheitsoperation würde ich mich nicht mehr unterziehen. Das hat mir fürs Leben gereicht. Ich sehe keinen Sinn mehr darin. Ich weiß heute, dass sich die Gefühle durch das Äußere, das vermeintlich Schöne nicht verändern. Ein gutes Selbstwertgefühl und ein gutes Leben brauchen ganz andere Voraussetzungen.

Am liebsten würde ich allen Frauen sagen, dass Schönheitsoperationen völlig unnötig sind. Wenn es der sehnlichste Wunsch ist, kann ich zwar nicht kategorisch abraten, weil ich meine Erfahrung nicht anderen überstülpen kann. Es ist ein schmaler Grat. Aber ich würde immer darauf hinweisen, dass man einen solchen Schritt mit vollem Bewusstsein gehen sollte. Mache ich das für andere? Oder für mich? Was ist der wahre Grund dafür, dass ich mich operieren lassen will? Es ist IMMER ein Gesundheitsrisiko. Und die Verletzungen aus der Kindheit kann man damit sicher nicht ungeschehen machen. Inzwischen habe ich – Gott sei Dank! – einen anderen Weg eingeschlagen. Was für eine Gnade!

Seit ich Christin bin, weiß ich, dass in letzter Instanz nur die innere Schönheit zählt, denn alles Äußerliche ist vergänglich. Schönheit ist auch das, was in Gottes Augen schön ist: Ich versuche, ehrfürchtig auf Gottes Stimme zu hören und danach zu leben. Das ist schön. Alles, was in guter Absicht geschieht, ist schön. Anderen Menschen zu vergeben ist schön. Auch sich selbst zu vergeben ist schön. Die bedingungslose Liebe zu anderen Menschen ist schön. Andere nicht zu verurteilen ist schön. Hilfsbereit zu sein ist schön. Schönheit bedeutet auch, authentisch zu sein, keine Maske aufzusetzen, ganz und gar man selbst zu sein, sich nicht zu verstellen.

Aber das heißt nicht, dass äußere Schönheit nicht zählt. Gott liebt auch die Schönheit der äußeren Dinge. Das sieht man ja an seiner Schöpfung. Er selbst hat die Schönheit erschaffen. Sie ist mit allen Sinnen wahrnehmbar. Man kann sie nicht nur sehen, sondern auch fühlen, riechen und tasten. Gott hat sich etwas Tolles einfallen lassen und uns Menschen, jeden für sich, wunderschön erschaffen und liebevoll einen Teil von sich selbst in uns gelegt. Allerdings nicht mit Silikon in der Brust, einer Gewichtstabelle in der Hand oder einer Botox-Spritze in der Stirn. Trotzdem bin ich davon überzeugt, dass es in Gottes Sinn ist, wenn wir unseren Körper pflegen und gut behandeln. In der Bibel wird der Körper auch als Tempel des Heiligen Geistes bezeichnet. Wenn wir uns schön herrichten und ein Lächeln auf den Lippen haben, zeigen wir ja auch unsere Freude an Gott und seiner Schöpfung. Mit einem schönen gepflegten äußeren Erscheinungsbild strahlen wir unsere innere Freude über Gott aus. Damit strahlen wir Licht in die Welt und verbreiten Hoffnung. Das ist für mich das außergewöhnliche göttliche Gewand, das ich gleichzeitig anziehe, wenn ich mich vor dem Spiegel schön mache. Noch schöner mache. Und damit strahle ich auch Gottes Schönheit aus und die Hoffnung, die damit verbunden ist.

Ich ziehe mich modisch und je nach Anlass schick an, vor allem, wenn ich ausgehe. Ich schminke mich und will äußerlich gut ankommen. Für mich hat Schönheit immer noch etwas mit Äußerlichkeiten zu tun. Natürlich. Aber mein Idealbild hat sich gewandelt. Und damit das Bild von mir selbst: Ich weiß heute, dass ich schön bin, so wie ich bin. Ich bin wunderbar gemacht und nehme mich so an. Ich fühle mich wohl in meinem Körper.

Ich selbst bin der Maßstab meiner Schönheit, nicht irgendwelche puppenhaften Figuren in Videos oder Filmen. Wenn meine Töchter solche Bilder heute im Fernsehen sehen, ist mir das sehr unangenehm. Sie sollen auf keinen Fall derart beeinflusst werden wie ich. Mir ist klar geworden: Mit meiner früheren Fixierung auf das äußere Erscheinungsbild wollte ich nur meine innere Leere kompensieren. Mit einem schönen gepflegten äußeren Erscheinungsbild kann ich heute meine innere Freude über Gott ausstrahlen. Wenn ich mich vor dem Spiegel schön mache, strahle ich auch Gottes Schönheit aus und die Hoffnung, die damit verbunden ist.

Wenn ich mir die himmlische Schönheit vorstelle, sehe ich sofort Jesus. Er zieht uns irgendwann ein reines weißes Kleid an, unter dem alle Schuld und alles Versagen verschwinden, in dem wir rundum perfekt sind, innerlich und äußerlich – ein Original Gottes eben. Das ist die einzig wahre Schönheit.

Am Boden

Ein paar Wochen nach meiner öffentlichen Schönheitsoperation war Gott aber noch weit entfernt von mir. Zumindest konnte ich ihn noch nicht sehen.

Man könnte sagen, das Gegenteil war der Fall: Der Sumpf, der mein Leben damals war, zog mich immer mehr nach unten. Ich hatte das Gefühl zu ersticken.

Ich hätte ja schon vor der Fernsehsendung dringend Hilfe gebraucht, konnte das aber selbst nicht erkennen. Stattdessen bin ich das Problem nur symptomatisch angegangen. Pillen, schnell eingeworfen, waren das Einzige, was ich für mich tun konnte. Dachte ich. Zwar hatte mich der Arzt, der mir das Antidepressivum verschrieben hatte, an eine Psychotherapeutin weiterverwiesen, aber ich ging einfach nicht hin. Was sollte sie schon ausrichten können?!

Die Depression verschluckte mich nach den Schönheitsoperationen noch mehr als zuvor. Ich hatte kein Ziel. Und alles, was erreicht schien, war doch sinnlos gewesen. Denn nichts hatte sich geändert. Die Umstände hatten sich nicht geändert. Ich hatte mich nicht geändert. Schon frühmorgens fragte mich Michael nun, ob ich denn meine Medikamente genommen hätte. „Ich halte es mit dir einfach nicht mehr aus!“, hörte ich von ihm regelmäßig. Ich war ihm mit meiner Schwere, mit der ich mich durch den Tag schleppte, unerträglich geworden. Ein normales Gespräch war sowieso nicht mehr möglich. Ich schwieg. Oder weinte. Und was mich tief innen beschäftigte, konnte ich einfach nicht in Worte fassen.

Dennoch, ich brauchte irgendein Ventil: Nicht selten brach in dieser Zeit unvermittelt ein Aggressionsschub aus mir heraus. Dann warf ich mit irgendwelchen Gegenständen durch die Wohnung, wie wild geworden. Einmal ging dabei sogar unsere Glastür kaputt. Einen normalen Alltag bewältigte ich längst nicht mehr. Was auch immer ich für meine Kinder tun musste, überforderte mich.

...

Das alles war aber nicht neu. Ich kannte dieses schwarze Loch, in dem ich saß, nur allzu gut. Schon seit meiner Kindheit saß ich immer wieder darin, hilflos. Und ich kannte es auch von meinem Vater und meiner Großmutter. Wahrscheinlich lag ein Gen für Schwermütigkeit bereits bei uns in der Familie.

Mit dreizehn Jahren fing ich an mich zu ritzen. Ohne besonderen Anlass. Einfach so. Es war Frühling. Und sonnig. Ich war allein in der Wohnung. Mir war langweilig. Alles um mich herum: Chaos. In mir: Unzufriedenheit. Also ging ich in die Küche und holte mir aus der Schublade ein mittelgroßes Messer, die Klinge ohne Zacken, der Griff aus dunkelgrauem Hartplastik.

Ich ging zurück ins Kinderzimmer, schob meinen Schreibtisch-Drehstuhl vor den Spiegel an meinem weißen Holzschrank. Ich setzte mich, schaute mir in die Augen. Und ritzte mir ohne zu zögern die rechte Wange mit einem Schnitt mehrere Zentimeter lang auf. Ich sah zu, wie das Blut aus der Wunde quoll. Der Schmerz fühlte sich richtig gut an. So gut, dass ich weitermachte.

Zehn, zwölf weitere Male ritzte ich mir die Wange auf. Es sah aus als hätte mich eine wild gewordene Katze angesprungen. Die ganze Seite blutete nun. Noch stundenlang blutete es an der einen oder anderen Stelle nach. Und ich habe mein Gesicht dabei im Spiegel beobachtet. Das gefiel mir. Ja! Alle sollten es sehen!

Doch als es Abend wurde und ich wusste, dass meine Eltern zurück nach Hause kommen würden, ernüchterte ich wie aus einem Rausch: Oje, was hatte ich nur gemacht?! Was würden sie wohl denken? Was würde ich auf ihre Fragen antworten?

„Was ist das denn? Was ist passiert?" Meine Mutter erschrak natürlich sehr, als sie mich sah. „Es ist nichts", wiegelte ich ab. „Ich sehe doch, dass etwas nicht stimmt. Warum redest du nicht mit mir! Sag endlich was!", flehte sie. „Lass mich in Ruhe!" Mehr bekam sie nicht von mir zu hören. Immer wieder bohrte sie von Neuem, aber ich schwieg.

Am nächsten Tag fand eine Polizei-Razzia bei Lillis Vater statt. Ich war gerade bei ihr zu Besuch, wie so oft. Als mich eine der Beamtinnen sah, sprach sie mich auf die Kratzer an. Ich hatte sie schon fast wieder vergessen, wie ein Spiel, an dem man am einen Tag noch Spaß hat und das am nächsten schon wieder vergessen ist. Nun war ich schlagfertiger und log: „Ich wurde von ein paar Idioten angegriffen." Aber auch das hatte Folgen. Sie ließ nicht locker und wollte, dass ich sofort Anzeige erstattete. Mist. „Nein, nein, ist nicht so schlimm", beschwichtigte ich sie.

Die Nachfragen nervten mich. Das nächste Mal, so nahm ich

mir vor, würde ich mich nicht mehr an so einer offensichtlichen Stelle ritzen.

Ein paar Wochen später, dasselbe Messer. Es hatte ja so gut funktioniert. Wieder ohne besonderen Anlass. Aus Langweile. Eine Art Selbstbefriedigung: Ja, ich verdiente diesen Schmerz. Um weitere ungewollte Kommentare zu vermeiden, entschied ich mich für die Oberschenkel. Die waren die meiste Zeit bedeckt. Wenn die Oberschenkel zu sehr zerschnitten waren, wechselte ich zu den Unterarmen. So ging das ab jetzt alle paar Wochen.

Ich kannte das Ritzen schon von meinem älteren Bruder Daniel und von dessen Freundinnen. Ob das bei ihnen auch so war? War das Bedürfnis, sich selbst Schmerzen zuzufügen, eigentlich ein lauter Hilfeschrei?

Die Traurigkeit, die tiefe Traurigkeit. Das Loch, das tiefe schwarze Loch.

Ich kannte das fast mein ganzes Leben lang.

...

Als der Vater meiner besten Freundin Lilli wegen seiner Cannabis-Plantage ins Gefängnis musste und das Haus geräumt wurde, in dem ich fast mehr Zeit verbracht hatte als zu Hause, brach eine Welt für mich zusammen. Eine heile Welt, wie ich damals dachte. Natürlich war sie nicht heil. Alles andere als das. Sie war eigentlich ein Drogensumpf. Aber ein vertrauter Ort, der mir auf eine perverse Art und Weise Sicherheit geboten hatte, wo ich eine Art Zuflucht fand und dazugehörte.

Als das wegfiel, wusste ich weder ein noch aus. Ich kam überhaupt nicht mehr zurecht. Plötzlich hatten wir auch nichts mehr zu rauchen. Wir konnten uns also nicht beliebig oft und lang zudröhnen, wie wir es bisher gewohnt waren. Alles hatte sich um das Gras gedreht in unserer kleinen geheimen Welt. Und es hatte alles etwas weniger schlimm geschienen, weil wir ja alle im gleichen Boot saßen. Ich habe nur noch geweint, so schlecht ging es mir. Mir hat einfach nichts mehr Freude bereitet.

Außerdem musste ich noch den Beinahe-Tod von Lilli verdauen.

Nachdem Lillis Vater zu fünf Jahren Haft verurteilt worden war, hatte er – da keine Fluchtgefahr bestand – noch ein paar Wochen Zeit, seine Angelegenheiten zu Hause zu regeln. In dieser Zeit erlebte ich mit Lilli eine der krassesten Erfahrungen meines noch jungen Lebens.

Ihr Haus stand in unmittelbarer Nähe der S-Bahn-Gleise. Lilli wusste, sie würde ihr Zuhause verlieren. Das setzte ihr zu. Ein Streit darüber mit ihrem Vater eskalierte. Im Partykeller rammte er sich daraufhin ein Messer in den Bauch. Es war wohl alles voller Blut. Lillis kleine Schwester rief mich an. Sie war panisch und wusste sich nicht zu helfen: Ich solle so schnell wie möglich kommen. Ihr Vater habe ihr verboten, den Notarzt zu rufen. Auf dem Weg zu ihnen tat ich das trotzdem. Als ich dort ankam, hatte Lillis Vater aber schon das ganze Blut aufgewischt und sich selbst einen Verband angelegt. Der Notarzt wurde einfach wieder weggeschickt.

Das Drama war aber noch längst nicht vorbei. Lilli war betrunken und bekifft – wie immer – und rannte hinaus in Richtung der viergleisigen Schienen. Es gab keinen Zaun, der sie davon abhalten konnte, sie zu betreten. Sie legte sich auf die Schienen und lallte. Ich war ihr hinterhergerannt und schrie so laut ich konnte:

„Komm da runter! Die S-Bahn kommt gleich!" Ich schrie und schrie. Doch sie reagierte einfach nicht.

Ich konnte den Anblick nicht ertragen und rannte wieder zurück ins Haus. Zu Lillis Vater. „Wo ist Lilli?", lallte er, der scheinbar auch sturzbetrunken war. Ihm schien alles scheißegal zu sein. Auf jeden Fall blieb er einfach bewegungslos auf dem Sofa sitzen. Obwohl er hörte, dass seine Tochter in Lebensgefahr war. Also lief ich doch wieder zu den Schienen. Und da sah ich, wie Lilli es gerade noch vom Hügel herunterschaffte, bevor die Bahn vor unseren Augen durchrauschte.

Sie hatte ihre Schuhe verloren und war barfuß, aber immerhin am Leben. Wir gingen zurück auf die Straße. Zwei Stunden lang saßen wir dort auf dem Grundstück des Nachbarn und haben, total verdreckt, einfach nur geweint.

...

Seit Lillis Vater im Knast war, wurde es eigentlich immer schlimmer und schlimmer. Ich lebte, so wie meine Freunde auch, in den Tag hinein, schlief meist bis nachmittags, hing nur herum. Die einzigen Highlights: Die wöchentlichen Besuche bei Lillis Vater. Er war für mich wie ein Ersatzvater, irgendwie auch ein Vorbild. Das war der Strohhalm für mich in meiner leeren Welt. Was für ein Halt für eine sechzehnjährige!

Als ich Michael kennenlernte, ermunterte der mich immer wieder: „Geh doch arbeiten! Such dir einen Job!" Er dachte, das würde mir guttun. Sicher hatte er damit recht. Aber auch mit siebzehn Jahren war ich nicht in der Lage, mein Leben unter Kontrolle zu bringen. Eine Bewerbung schreiben? Ein Ding der

Unmöglichkeit. Was hätte ich denn überhaupt schreiben sollen? Ich hatte ja nichts vorzuweisen. Innere Blockade. Panikattacken bestimmten stattdessen meinen Tag. Ich konnte auch mit niemandem darüber reden. Es kam einfach nichts aus mir heraus. Dabei wünschte ich mir nichts sehnlicher als endlich, endlich, endlich ein normales Leben zu führen.

Michael meinte irgendwann: „Du brauchst Hilfe!" Doch das war ein rotes Tuch für mich. „Du weißt doch gar nichts!", schrie ich ihn an. Aber er hatte recht. Und als ich einfach keine Lust mehr hatte, immer nur herumzuhängen, überwand ich mich eines Tages doch, seinem Rat zu folgen. Tatsächlich hätte auch er damals schon Hilfe gebraucht, aber das sahen wir beide nicht.

Es musste sich alles, einfach alles, in unserem Ort für mich abspielen. Kein Kilometer außerhalb. Ich brauchte meine Komfortzone, meinen Sicherheitsbereich, in dem ich mich auskannte. Also kam auch nur hier ein Arztbesuch infrage. Ich rief eine Neurologin an, deren Praxis nicht weit weg von unserer Wohnung lag. Doch natürlich bekam ich nicht direkt einen Termin. In den fünf Wochen Wartezeit kam ich viele Male ins Schwanken. Vielleicht sollte ich besser doch nicht hingehen. Ich spulte gedanklich das alte Band ab: Die kann mir ja doch nicht helfen. Selbst im Wartezimmer, als es endlich soweit war, hatte ich noch den Drang, einfach wieder zu gehen, wegzulaufen. Wäre ich nicht als nächste Patientin dran gewesen, wer weiß, ich wäre wohl wieder umgekehrt und wäre weiter in meinen düsteren Gedanken und negativen Gefühlen versumpft.

Die Ärztin nahm sich zwar nicht viel Zeit, tat aber alles, was nötig war: Sie verschrieb mir ein Antidepressivum – „Die

Wirkung setzt aber nicht gleich ein. Das wird etwas dauern!" – und händigte mir eine Überweisung für eine Psychotherapie aus.

Tatsächlich wirkte das Medikament schneller als erwartet. Allerdings nicht wie ich es mir erwünscht und erhofft hatte. Ich glaubte, die Pillen würden mich glücklich machen, mich heilen. Nun war ich zwar nicht mehr traurig, aber stattdessen war mir alles um mich herum egal. Ich wurde gleichgültig. Ich fühlte einfach nichts mehr: keine Wut, keine Verzweiflung, aber auch keine Freude, kein Mitgefühl. Wie abgestumpft waberte ich jetzt durch den Tag. Das war total schrecklich. Das Rezept für die Therapie ließ ich einfach verfallen.

...

Die Situation zwischen Michael und mir eskalierte immer öfter. Ich war immer weniger in der Beziehung präsent, nur noch in meiner eigenen Welt gefangen. Das war für Michael schwer zu ertragen. Einmal hatten wir einen Riesenstreit, bei dem er total ausflippte und mich sogar würgte. Als mein Vater davon hörte, erstattete er sofort Anzeige gegen ihn. Michael zog danach aus. Ihm reichte es mit mir. Und mir reichte es mit ihm.

Weil ich es allein in der Wohnung nicht aushielt, zog ich wieder bei meinen Eltern ein. Unsere Wohnung blieb vier Monate lang unbenutzt. Doch dann stellte sich heraus, dass ich von Michael schwanger war. Das veränderte die Situation. In mir keimte etwas Hoffnung auf. Endlich Mama sein! Das war wie ein Licht am Horizont. Auch Michael freute sich. Wir entschieden uns, es doch noch einmal miteinander zu versuchen und wollten gemeinsam eine Familie gründen.

Ich wusste, dass ich nun nicht mehr einfach wegrennen konnte. Ich musste tatsächlich versuchen, mein Leben endlich mehr unter Kontrolle zu bringen, schließlich wartete Verantwortung auf mich. Auch die Schwangerschaft war keine einfache Zeit für mich. Ich hatte auf eine schöne Erfahrung gehofft, aber ich fühlte mich in meinem Körper noch weniger wohl als zuvor.

Ein Jahr nach der Geburt meiner ersten Tochter machte ich einen neuen Versuch bei der Neurologin in meiner Nähe. Sie verschrieb mir dasselbe Medikament wie beim ersten Mal. Und, wer hätte es gedacht: Meine Reaktion darauf war dieselbe wie zuvor: Gleichgültigkeit. Einen anderen Wirkstoff auszuprobieren, schien keine Option zu sein. Dennoch nahm ich es weiter bis zu meiner Teilnahme bei der Fernsehsendung.

Dieses Mal allerdings suchte ich mir tatsächlich eine Therapeutin. Doch ging ich nur ein einziges Mal hin. Der Grund dafür war sicher nicht sie. Sie war bemüht mich zu verstehen. Aber ich konnte und wollte einfach nicht. Alles in mir sträubte sich. Das alte Band lief ab: „Die kann mir doch sowieso nicht helfen." Die Endlosschleife meines Lebens damals.

Ich war in meinem Leben wahrscheinlich öfter am Boden als aufrecht gehend oder gar hüpfend. Ständig stieß ich die Menschen, die es gut mit mir meinten, von mir weg. Selbst meine Eltern. Wenn meine Mutter fragte, wie es mir gehe, fauchte ich zurück: „Du verstehst mich doch sowieso nicht. Warum fragst du überhaupt, wenn es dich doch gar nicht interessiert?" Das muss für sie sehr schmerzvoll gewesen sein, weil sie sich ja wirklich Sorgen machte. Aber ich konnte keine Hilfe annehmen.

Das war schon 2010 so, als ich das zweite Mal schwanger war. Ich hatte mich zwischenzeitlich von Michael getrennt und versuchte allein klarzukommen. Aber ich bekam mein Leben einfach nicht in den Griff. Es ging mir sowohl körperlich als auch psychisch sehr schlecht. Aber auch da dachte ich, ich müsse alles allein bewältigen, auch als Michael wieder bei mir wohnte.

Die Geburt verlief alles andere als planmäßig. Eines Morgens, drei Wochen vor Geburtstermin, hatte ich große Schmerzen und bereits Presswehen, sodass meine Mutter den Notarzt rief. Für einen Transport ins Krankenhaus war es aber schon zu spät. Meine zweite Tochter kam per Sturzgeburt zu Hause auf der Couch zur Welt. Sehr dramatisch!

Nach der Fernsehsendung einige Monate später war ich noch mehr am Boden als je zuvor. Sie war ja eine einzige Enttäuschung gewesen. Ich kiffte so viel wie nie zuvor, probierte neue Drogen aus; Kräutermischungen, die man damals legal über das Internet kaufen konnte, die extreme Auswirkungen auf die Psyche haben. Ich war innerhalb kürzester Zeit noch abhängiger davon als von Marihuana selbst. Drei- bis viermal am Tag rauchte ich sogar eine Bong. Ich war nur noch zugedröhnt. Ich hatte Panik: Was würde passieren, wenn ich keinen Stoff mehr hätte? Wie sollte ich dann nur schlafen? Was sollte ich dann nur tun? Alles drehte sich um diese Fragen.

...

Als ich 2015 erneut schwanger wurde, ging es mir kurzzeitig besser. Ich freute mich riesig auf mein drittes Kind. Doch das Hoch hielt nicht lange an. Schon kurz nach der Geburt war ein weiterer Tiefpunkt, DER Tiefpunkt erreicht. Als meine Tochter drei Monate alt war, fing ich wieder mit Speed an. Der Teufelskreis der

Drogen hatte mich zu diesem Zeitpunkt am stärksten in seinem Griff. Ich versuchte, die Depression mit Drogen zu bekämpfen und verschlimmerte sie dadurch nur noch.

Michael hatte schon vor mir angefangen Speed zu nehmen. Einer seiner Kumpels brachte es mit zu uns, so war das Zeug ständig im Haus. Wie gut, dass ich meine Tochter nicht stillen konnte. Wer weiß, was mit ihr geschehen wäre. Nicht auszudenken!

Speed ist eine nächste Stufe zum Untergang. Mit meiner ersten eineinhalb Zentimeter langen Linie davon in der Nase konnte ich die ganze Nacht wach bleiben, die ganze Wohnung putzen und immer fit sein. Am nächsten Tag dachte ich: Ich will mehr davon!

Und ich bekam es. Michael und ich dealten mit Gras, und der Kumpel, der im großen Stil mit Speed dealte, ließ immer etwas für uns abfallen. Perfekt. Auf einem Silbertablett präsentiert, sozusagen.

Aus den eineinhalb Zentimetern wurden drei, dann fünf und irgendwann brauchte ich acht oder neun Zentimeter lange Linien des Teufelszeugs. Nicht selten blieb ich tagelang wach. Zur Ruhe kam ich nie. Der Kopf hört auf Speed nicht auf zu arbeiten. Die erste Zeit empfand ich als „geil". So viel Energie hatte ich schon lange nicht mehr gehabt. Und die Traurigkeit wich der Umtriebigkeit. Doch alles hat seinen Preis. Gott sei Dank!

Nach einiger Zeit entwickelte ich chronische Schmerzen. Sie wollten einfach nicht mehr aufhören. Bis ich zusammenbrach. Die rechte Niere machte schlapp. Ich klappte regelmäßig zusammen, hatte Schweißausbrüche. Die Ärzte, die mich in dieser Zeit alle paar Wochen in der Notaufnahme wegen meiner wiederkehrenden Nierenbeckenentzündungen behandelten, konnten sich keinen Reim auf die Ursache für meine Schmerzen machen. Sie wussten ja auch nichts von meinem Drogenkonsum. Doch nichts lässt sich immer verstecken. Eines Abends hatte ich einen Verdacht auf eine Thrombose in meinem Bein. Der Notarzt, der zu uns in die Wohnung kam, sah wohl noch einen weißen Rest von Speed an meiner Nase. „Haben Sie Drogen genommen?" – „Natürlich nicht!", log ich. Aber „natürlich" glaubte er mir nicht.

Inzwischen waren es zehn Monate mit fast täglichem Speed-Konsum und ich war psychisch komplett am Ende. Hinzu kamen nun noch die körperlichen Schmerzen. Es war die Hölle. Und wenn mal keine Drogen im Haus waren, eskalierte wieder der Streit mit Michael. So sehr, dass wir uns gegenseitig prügelten. Einmal hat er mir vor den Kindern eine Ohrfeige verpasst, da bin ich als Antwort auf ihn losgegangen und habe ihm das Gesicht zerkratzt. Im Haushalt erledigte ich in der Zeit nur noch das Nötigste. Wäsche waschen auf Speed lief so ab: Ich hängte die Wäsche auf, mitten in der Nacht. Ich brauchte ewig dafür. Es vergingen drei Stunden, die mir vorkamen wie Minuten. Kaum hing die Wäsche, „roch sie schlecht". So schien es mir. Ich musste sie also dringend nochmal waschen. Wieder ein Waschgang. Und das alles wiederholte sich in einer Nacht drei, vier Mal.

Auch die Kinder litten natürlich unter der Situation. Wie gut, dass meine Mutter die Lücken füllte, in denen ich nicht verfügbar für sie war, weil *high*. Oder eben *down*. Oder beides gleichzeitig. Sie schenkte den Kindern so viel Normalität wie möglich, brachte sie zu den Sommerfesten in den Kindergarten oder in die Schule, ging mit ihnen auf den Spielplatz, kaufte ihnen ein Eis.

Für meine Mutter war es sehr schlimm zuzusehen, wie sehr ich litt, wenn sie die Kinder holte. Sie hat oft schon im Hausgang gehört, dass Michael und ich wieder stritten. Sie stand nicht nur einmal weinend und verzweifelt vor mir: „Wie kann ich dir nur helfen?“ Sie flehte. Doch ich war ihr gegenüber eiskalt. Ich konnte sie auch nicht umarmen oder ihr danken. Ich war gefangen in meiner kleinen engen Drogenwelt.

Wegen meiner Erschöpfung am Morgen – nach der durchgemachten Nacht – kam ich fast nie dazu, die Kinder pünktlich in die Schule und den Kindergarten zu bringen. Ich verschlief ständig. Wenn die Lehrerin anrief, versuchte ich die Situation durch Lügen zu entschärfen. Ob mir das jemals jemand glaubte?

Der Tiefpunkt war wirklich erreicht. Nichts stimmte mehr in meinem Leben. Und alle um mich herum litten.

Gedanklich hatte ich damals mit meinem Leben bereits abgeschlossen. Ich konnte es nicht mehr ertragen. Ich wollte nichts mehr hören, nichts mehr sehen. Keine Streitereien mehr. Keine Schmerzen mehr. Kein Verlangen nach noch mehr Stoff. Ich konnte mich nur noch verdammen, als schlechte Mutter, als unerträgliche Partnerin, als undankbare Tochter. Ich war nicht einmal mehr fähig, anständig für meine Töchter zu sorgen. So tief war ich gesunken. Ich spielte sogar konkret mit Selbstmordgedanken. Ich stellte mir vor, wie ich mich auf die S-Bahnschienen werfen würde und endlich erlöst wäre.

...

So saß ich an einem warmen Sommertag auf unserem Balkon und schaute in den Himmel. Ich war leer, am Ende meiner Kräfte und wusste nicht mehr weiter. Und konnte nur noch eines: beten. Gott hilf mir!, hörte ich es in mir sagen. Dabei hatte ich damals gar keinen Bezug zu Gott. Ich habe mir nichts dabei gedacht. Einfach nur: Gott hilf mir!

Und wie es heißt es so schön? Wenn man am tiefsten Punkt angelangt ist, kann es nur noch aufwärtsgehen.

An den Tagen, die auf mein Gebet gen Himmel folgten, kam mir jeden Morgen um 9 Uhr auf meinem Heimweg vom Kindergarten ein Mann entgegen. Er kam mir seltsam vertraut vor. Ich schaute ihm immer hinterher. Irgendwoher kannte ich ihn, doch ich konnte sein Gesicht in meiner Erinnerung nicht zuordnen. Doch ich fühlte mich von diesem Mann auf eine mir unbekannte Weise angezogen. Wer war er nur? Was war das nur?

Weg von der Sucht

Marie kannte einfach jeden. Sie arbeitete als Verkäuferin in einem Supermarkt und wusste fast alles über alle im Ort. So schien es auf jeden Fall. Also sprach ich sie auf den Unbekannten an, der mir in letzter Zeit ständig über den Weg lief. „Klar kenn ich den!" Und schon hatte ich einen Namen. Auf den Hinweis meiner Freundin hin fand ich Dave auf Facebook. Sein Profil sah so sympathisch aus, dass ich mir ein Herz fasste und ihn anschrieb. Er erkannte mich sofort: „Du bist doch die kleine Schwester von Simon. Ich war früher ein Kumpel von deinem Bruder! Weißt du noch?" Und so kamen wir schnell ins Schreiben. Per Messenger und später per Handy ging es nun täglich hin und her. Schnell wurde unser Kontakt sehr intensiv. Aber nicht auf der Mann-Frau-Ebene …

…

„Jesus ändert nicht die Umstände, sondern dich in den Umständen", schrieb Dave mir nach einigen Tagen des Austauschs. Der Satz war eigentlich auf meinen Bruder bezogen, aber er traf mich direkt ins Herz. Ich las ihn wieder und wieder. Dave versicherte mir, dass er sehr genau verstehen könne, wie es mir gehe. Denn: Er hatte eine ähnliche Biografie, ähnliche Erfahrungen, ähnliche

Empfindungen. Dave hatte sein Leben irgendwann drastisch geändert. Nachdem er Jesus getroffen hatte. Jesus getroffen? Das klang lustig. Aber ich lachte nicht. „Ja, Jesus getroffen", wiederholte Dave. Er erzählte mir von seinem Weg in ein gutes und gesundes Leben ohne Sucht, ohne Wahnsinn und Irrsinn.

Ich spürte, dass Dave mir etwas ganz Wertvolles schenkte mit diesen Sätzen voller Verständnis und Zuwendung. Er wollte mir ein Beispiel geben, mir zeigen, dass es einen Weg aus dem Sumpf gibt. Dass man aufstehen kann, wenn man am Boden ist. „Ich habe es mit Gottes Hilfe geschafft", fing er an, mir davon zu erzählen, dass Jesus für alle da sei, egal was für ein Leben sie führten, egal wie erfolgreich sie seien oder eben nicht. Diese Sätze waren wie ein Trigger. Ich wollte mehr davon hören. Dave wollte mir von seiner Geschichte erzählen. Also schlug er ein persönliches Treffen vor. So konnten wir uns besser und ausführlicher austauschen.

Als Dave und ich anfingen, uns auch zu treffen, hatte ich immer ein schlechtes Gewissen. Ich fürchtete, Michael könne etwas davon mitbekommen und eifersüchtig werden. Also hielt ich die Treffen geheim. Ich erzählte ihm nichts von meiner neuen alten Bekanntschaft. Er hätte es damals einfach nicht verstehen können, warum ich einen anderen Mann traf und mich so intensiv mit ihm unterhalten konnte. Ich wollte auf keinen Fall, dass er mir dazwischenfunken, mir etwas so Kostbares kaputtmachen würde. Ich spürte, dass die Gespräche mit Dave mir die Tür einen Spalt weit in ein neues Leben öffneten. Ich hätte es nicht zugelassen, dass irgendjemand mir diesen Hoffnungsschimmer trüben würde.

„Darf ich für dich beten?“, fragte Dave eines Tages. Ich zögerte und schluckte. Was für eine Frage! Wir saßen auf einer Parkbank, neben uns jeweils ein Coffee to go. Ich wurde etwas nervös, zupfte an meinen Haaren und den Knielöchern meiner fransigen Jeans herum. Es war mir sogar ein bisschen peinlich. Aber was hatte ich schon zu verlieren? „Ja, das wäre sehr lieb von dir! Danke!“ Nach meiner Antwort durchströmte mich eine warme Energie. Ich hatte zum ersten Mal losgelassen. Endlich losgelassen. Ich hatte endlich zugelassen, dass mir jemand half. Dass sich jemand um mich kümmerte. Ich hatte jemandem erlaubt, mich wichtig zu nehmen. Ich war also doch etwas wert.

Fast schwebend lief ich nach diesem Treffen nach Hause. Ich war federleicht. Als hätte ich Tonnen von Steinen aus meinem Bauch in einen tiefen See geworfen. Noch nie hatte ich mich so befreit gefühlt. Es war endlich nicht mehr dunkel um mich herum. Die Helligkeit blendete mich fast. Ab diesem Tag hatte ich keine Nierenschmerzen mehr.

Als ich bei der nächsten Untersuchung beim Arzt war, fuhr er mit dem Ultraschallgerät immer wieder hin und her auf meinem unteren Rücken. „Sagen Sie … da war doch immer dieser graue Schleier … ich verstehe das nicht … weg … nichts … Frau Langhirt, Ihre Niere sieht aus wie neu.“ Der Arzt stotterte fast, als er mir diese wunderbare Neuigkeit mitteilte.

Ja, es war ein Wunder geschehen.

…

Sie musste doch irgendwo sein. Ich kramte lange in unseren Sachen herum. Bis ich sie endlich fand, in einem alten

Umzugskarton mit vielen anderen Dingen, von denen ich glaubte, sie nicht mehr zu brauchen: Die Bibel meiner Großeltern. Meine Oma hatte immer den Wunsch gehabt, dass ich mich katholisch taufen ließe.

Dave hatte mich ermutigt in der Bibel zu lesen. An einem sonnigen Juninachmittag hat er mir eine Bibelstelle geschickt, die mich direkt ins Herz getroffen hat: „Sei still vor dem Herrn und harre auf ihn! Erhitze dich nicht über den Mann, dem alles gelingt, den Mann, der auf Ränke sinnt. Steh ab vom Zorn und lass den Grimm; erhitze dich nicht, es führt nur zu Bösem." Wie konnte in diesem uralten Buch etwas stehen, was für mich so aktuell war, so passend?

Ich war allein zu Hause. Also suchte ich nach meiner Bibel und las den Psalm 37 nach. Ich war so aufgewühlt und berührt von diesen zwei Sätzen, dass ich sie mehrfach las. Ich brauchte immer wieder eine Pause dazwischen, in denen ich an die Decke schaute, nach oben, Richtung Himmel. In diesem Moment hat Gott das erste Mal durch die Bibel zu mir gesprochen. So bewegt ich war, ich musste diese schönste aller Erfahrungen erst einmal für mich behalten. Michael hätte mir den Moment mit Sicherheit verdorben. Heimlich chattete ich aber mit Dave: „So spricht Gott", schrieb er mir. Und mir wurde wieder ganz warm ums Herz.

Ich war neugierig geworden weiterzulesen. Nur einmal, mit siebzehn hatte ich schon einmal versucht in der Bibel zu lesen. Aber schon nach wenigen Worten war ich komplett überfordert gewesen und hatte sie schnell wieder weggepackt. Der Moment war noch nicht gekommen. Als ich nun erneut anfing zu lesen, direkt vor der Kiste auf dem Boden sitzend, stand die Welt um mich herum still. Ich vergaß alles. Ich verbrachte nun Stunde um Stunde, wann immer ich Zeit hatte, damit in der Bibel zu lesen. Allerdings verstand ich nicht immer alles, was ich las und blieb an mir unverständlichen Stellen hängen. Dave riet mir, nicht in dieser alten Übersetzung zu lesen, sondern mir die Einheitsübersetzung zu kaufen. Mit ihr kam ich viel besser zurecht.

Ich spürte, wie gut es mir tat in der Bibel zu lesen, dass es mir allgemein besser ging. Frieden kehrte langsam in mein Inneres ein. Ich wollte auch äußerlich keinen Streit mehr, keine Konflikte, kein Geschrei. Ohne, dass ich bewusst mein Verhalten geändert hätte, blieb ich in alltäglichen Stresssituationen viel entspannter. „Ich will dir nicht wehtun! Ich will dir nicht schaden", sagte ich nun, wenn Michael wieder einmal einen Streit provozierte. Das irritierte ihn so sehr, dass er gar nicht mehr wusste, was er sagen sollte. Ich machte einfach nicht mehr mit. Und oft half das, die Gemüter zu beruhigen. Als würde man ein Fenster öffnen und frische kalte Luft hereinströmen lassen. Meine Tage fingen an Sinn zu ergeben. Ich hatte etwas, wofür es sich lohnte aufzustehen.

Und so konnte ich mich auch wieder verantwortungsvoll um meine Kinder kümmern. Ich hatte sie ziemlich vernachlässigt. Auch das wurde mir jetzt klar. Je nüchterner ich mit der Zeit wurde und je weniger Drogen ich konsumierte, umso mehr. Das tat weh. Jetzt sah ich es plötzlich ganz deutlich: Meine Kinder waren der Spiegel meiner Selbst. Sie waren ständig aufgedreht und unruhig. Sie konnten damals, als ich selbst noch am Boden war, ja auch nicht verstehen, was in unsere Familie geschah. Sie kannten es nicht anders und nahmen es so, wie es war. Streitereien gehörten für sie zum Familienalltag einfach dazu.

Aber manchmal schien ihnen das doch zu weit zu gehen. Einmal fragten sie meinen Bruder, der gerade zu Besuch war, als es zwischen Michael und mir mal wieder hoch her ging: „Sag mal, wie ist die Nummer der Polizei?"

Meine Töchter mussten auch immer wieder Verlustangst gehabt haben, denn wenn wir stritten, schickten wir uns gegenseitig zur Hölle. „Verpiss' dich doch!", „Ich gehe!" – solche Sätze fielen regelmäßig. Unsere Kinder wollten aber keinesfalls, dass wir uns trennten, dass einer von uns ging. Und auch nicht, dass wir ständig stritten. Das haben sie uns angstvoll immer wieder gesagt. Ihr Standardsatz war: „Hört bitte auf zu streiten!" Sie waren es auch gewohnt, dass ihre Eltern zuzeiten nicht verfügbar waren, obwohl sie im selben Zimmer waren. Zugedröhnt oder am Boden zerstört. Dann hatten sie gelernt, mich in Ruhe zu lassen. Sie hatten ein Gespür dafür entwickelt, wann es wieder so weit war. Leider war ich häufiger abwesend als empfänglich für die Bedürfnisse meiner Kinder. Oft war ich nur in der Lage, für das Nötigste zu sorgen, also ihnen etwas zu essen zu geben.

Sie wurden von diesen Erfahrungen tief geprägt. Noch heute beobachte ich sie, wie sie selbst bei geschwisterlichen Konflikten nicht nur temperamentvoll, sondern ebenfalls lautstark werden. Sicher die Folge unseres Beispiels von damals.

...

So laut es bei uns ständig herging, gab es nie auch nur irgendeine Reaktion von den Nachbarn in unserem Mehrfamilienhaus. Sie mussten uns doch durch das ganze Haus brüllen gehört haben. Keiner schritt ein. Keiner beschwerte sich. Keiner rief das

Jugendamt. Vielleicht wäre das ja besser gewesen. Anfangs hatte ich mich dafür geschämt, dass es bei uns so asozial zuging. Aber ich stumpfte schnell ab, und alles war mir egal.

Die Drohung mit dem Jugendamt kam allerdings immer wieder von Michael selbst: Ich erinnere mich an einen Abend, an dem es mir wieder einmal so schlecht ging, dass ich mich selbst verletzen wollte. Ich ging in die Küche und wollte gerade aus der Schublade ein passendes Messer holen. „Wenn du das noch einmal tust, melde ich dich beim Jugendamt. Die werden dir dann die Kinder wegnehmen!", schrie Michael. Er versuchte mir das Messer wegzunehmen. Dabei drückte ich es mir so tief in den Arm, dass ich bis heute davon eine Narbe habe. Danach rammte ich das Messer in die Arbeitsplatte der Küche.

Michael hat damals immer die Schuld allein auf mich geschoben. „Du bist das Problem!", warf er mir vor. Ohne mich wäre er selbst gar nicht abhängig, redete er sich ein. Ich würde ihn immer runterziehen. Dabei war doch klar: Ich bin nicht verantwortlich für ihn. Er war schon auf Drogen, bevor er mich kannte und blieb es auch eine lange Zeit, nachdem ich schon clean war.

Meine Eltern fürchteten tatsächlich – und ihre Befürchtung war durchaus nicht abwegig –, dass ihre Enkelkinder mir vielleicht irgendwann vom Jugendamt weggenommen werden würden. Als mein Vater Michael einmal zur Rede stellte, weil er mich so schlecht behandelte, kam es zwischen den beiden zum Streit. Michael provozierte meinen Vater so sehr, bis der antwortete: „Dann schlag doch zu!" Allerdings holte Michael zu einem anderen Schlag aus: „Wisst ihr überhaupt, was eure Tochter tut? Wisst ihr, dass sie Speed und Koks zieht?" Meine Eltern schwiegen betroffen. Vom Gras wussten sie. Aber dass ich härtere Drogen nahm, war ihnen nicht klar. Ich glaube, sie wollten es auch gar nicht wissen. Schließlich waren sie ja machtlos.

Schließlich flippte meine Mutter aus und schrie immer: „Teufelszeug! Teufelszeug!" Sie waren entsetzt. Mein Vater fragte ganz ruhig: „Sag mir jetzt ehrlich, wie schlimm es ist. Müssen wir damit rechnen, dass das Jugendamt eingreift? Was kommt auf uns als Großeltern zu?"

...

Dieser Wahnsinn musste jetzt ein Ende haben! Mit Jesus im Rücken gab ich mir nun alle Mühe, eine gute Mutter zu sein. Es war, als ob ich Kräfte freisetzte, von denen ich nie geglaubt hatte, sie zu besitzen.

Aber: Nicht alles war von einem Tag auf den anderen anders. Ich konsumierte weiterhin Speed, aber bedeutend weniger. Mein Wunsch, endlich ein normales Leben zu führen, wurde stärker. Und ich wurde mir immer bewusster, dass das nur geschehen könnte, wenn ich von den Drogen, von meiner Sucht freikäme. Ich wollte mich endlich besser fühlen. Und ich sah nun, nach so vielen Jahren, endlich einen Weg in die Freiheit, mit Jesus an meiner Seite.

Jedes Mal, wenn nun Michaels Kumpel wieder abends klingelte, um uns mit Drogen zu versorgen, sah ich den Satan leibhaftig vor der Tür stehen, wie er mich verführen wollte, mit dem, was ich so gerne hätte, aber was mir schadete, was mich kaputtmachte. Deutlicher hätte das Bild nicht sein können! Ich sagte immer wieder zu Michael: „Ich will das alles nicht mehr, was wir hier machen! Ich will auch all diese Leute hier nicht mehr sehen!“ Doch er ist nicht darauf eingegangen. Er lud weiterhin seine Dealer-Freunde zu uns ein. Nur jetzt setzte ich mich nicht mehr zu ihnen, sondern flüchtete in die Küche, wo ich die Bibel las. Ich begrüßte seine Kumpels nicht einmal mehr. Und wenn die Dealer zu mir kamen und mir von ihrem Teufelszeug anboten, wies ich sie ab. Ich fand diese Menschen nur noch abstoßend.

...

Dave hatte einen Prozess in Gang gesetzt, bei dem ich mich immer mehr aufrichtete. Meine innere Kraft wuchs mit jedem Kapitel, das ich in der Bibel las und mit jedem Gespräch, das ich mit meinem Rettungsengel führte. Denn genau das war Dave für mich! Ich spürte deutlich, wie ich stärker wurde. Egal, was es kostete, ich wollte jetzt diesen Weg gehen! Ich hatte eine klare Entscheidung für Gott, für mich, für ein gutes Leben getroffen. Und ich konnte nicht darauf warten, bis andere mit mir gingen. Ich musste allein vorausgehen.

In der Nacht vom 9. auf den 10. Juli 2016 bekehrte ich mich zu Gott. Ich lud ihn in mein Herz ein, wo er seither wohnt.

Die Stunden vor meiner Bekehrung gehören zu den dramatischsten meines Lebens.

Meine damalige Schwägerin und ich wollten am Abend zur alljährlichen Musiknacht im Ort gehen. Ich hatte die Kinder zu meiner Mutter gebracht, damit wir feiern gehen konnten. Auch Michael wollte mitkommen, doch der hatte aus dem Nichts heraus wieder einen Streit angezettelt. Er warf sich Ecstasy ein und verschwand irgendwo auf dem Fest. Meine Schwägerin und ich waren enttäuscht, weil wir uns einen schönen gemeinsamen Abend erhofft hatten.

Wir saßen noch im Wohnzimmer, als Michael noch einmal nach Hause kam. Er war total zugedröhnt und machte Stress. Zu der Zeit hatten wir nur einen Wohnungsschlüssel. Mit dem schloss uns Michael einfach ein, damit wir nicht auch auf das Straßenfest gehen konnten. Ich blieb ganz ruhig. Ich kannte ja die verrückten Aktionen, wenn er drauf war. „Warte hier", sagte ich zu meiner Schwägerin, „ich hole den Schlüssel."

Ich stieg durch das Küchenfenster aus der Wohnung und fand Michael in einer Kneipe. „Gib mir sofort den Schlüssel", forderte ich ihn auf. Doch er dachte gar nicht daran. Stattdessen packte er mich am Handgelenk und zerrte mich auf die Straße. Ich hörte noch seine Kumpels hinterherrufen: „Ey, lass sie in Ruhe!" Doch es kam zu einem Gerangel zwischen uns. Die Leute blieben stehen und schüttelten die Köpfe, als sie uns kämpfen sahen. Ich hatte so eine extreme Wut in diesem Moment, die bei mir eine unbändige Kraft freisetzte. Ich drückte letztendlich Michaels Daumen so stark nach hinten, dass er den Schlüssel vor Schmerzen aus der Hand fallen lassen musste. Damit lief ich so schnell ich konnte nach Hause, wo meine Schwägerin auf mich wartete. Hinter mir her kam auch Michael.

Drei Stunden lang hielt er uns in der Wohnung fest und wollte meiner Schwägerin weismachen, was für ein schlechter Mensch ich sei. Ich bin doch die Mutter seiner Kinder. Wie konnte er nur so übel über mich sprechen? Mir fiel es endlich wie Schuppen von den Augen, was hier eigentlich abging. Ich spürte zum wiederholten Male ganz deutlich, dass ich diese Beziehung beenden musste. Ich war kurz davor, noch einmal auf ihn loszugehen. Aber etwas hielt mich zurück. Das war der Schlüsselmoment: Ich hörte einfach nicht mehr hin. Die Stimme von Jesus war so viel deutlicher als seine. Ich habe ab da nur noch auf sie gehört. Ich bat: Jesus, hilf mir! Bitte!

Als Michael endlich verschwunden war, ging ich mitten in der Nacht auf den Balkon und sprach die wichtigsten Worte meines Lebens: „Jesus, ich gebe dir mein Leben. Wenn irgendjemand etwas mit meinem Leben machen kann, dann du."

...

Dave war schon damals Mitglied der Gemeinde „XHope – Deine Kirche", die damals noch „Christuszentrum" hieß. Kurz nach meiner Bekehrung zu Gott lud er mich zu einem Sonntagsgottesdienst dorthin ein. Er meinte, es würde mir guttun, mit anderen Menschen in Kontakt zu kommen, die mich auf meinem Glaubensweg begleiteten. Doch ich traute mich nicht und fand fadenscheinige Entschuldigungen, warum es Woche für Woche nicht klappen konnte. Ich fürchtete auch, dass Michael von meinen Plänen Wind bekommen könnte. Dann hätte er mich womöglich nicht gehen lassen oder er hätte die Menschen vor Ort beim Gottesdienst gestört.

Doch am vierten Sonntag nach Daves Einladung wachte ich morgens auf und wusste, dass jetzt der Zeitpunkt gekommen war. Egal, was passieren würde. Ich war bereit. Ich machte Frühstück, brachte meine kleinste Tochter zu meiner Mutter und fuhr zur Kirche.

Während des Gottesdienstes hatte ich das Handy natürlich lautlos gestellt. Als ich nach dem Gottesdienst aus der Kirche kam, sah ich 40 Anrufe und unzählige Nachrichten von Michael: „Wo bist du?“, „Wo treibst du dich rum?“, „Ruf mich sofort an!“ Als ich ihn anrief und ihm sagte, dass ich in der Kirche war, rastete er komplett aus: „Willst du mich verarschen? Die Kirche ist direkt vor unserer Haustür!“ Er vermutete natürlich, dass ich die katholische Kirche meinte.

Zu Hause angekommen, folgte eine Tirade von Beschimpfungen und Unterstellungen. Michael war felsenfest davon überzeugt, dass ich bei einem anderen Mann gewesen war. Seine Eifersucht hatte ihn fest im Griff. Er glaubte mir kein Wort.

Am nächsten Tag allerdings passierte etwas Erstaunliches: Michael musste zu einer Umschulung und als er sich bei einem seiner Mitschüler über mich mit „Meine Freundin betrügt mich!“ auskotzen wollte, hakte dieser nach. „Wirklich, sie sagt, sie war in einer Kirche? War das das Christuszentrum? Wie sieht sie aus?“ Michael beschrieb mich. „Ja, die war gestern da. Sie ist mir aufgefallen, weil sie neu war.“ Michael fiel das Gesicht herunter.

Reumütig kam er bei uns zu Hause an und entschuldigte sich bei mir für seine Unterstellung. Doch nun war ich an der Reihe mit Ausflippen: „Lass mich in Ruhe!“, schrie ich ihn an. „Misch dich nie mehr in meine Sachen ein! Ich will keine Unruhe mehr!“ Ich hatte die Kirche als Schutzraum entdeckt und fühlte mich durch Michaels Verhalten bedroht. So wie ich es schon geahnt hatte. Ich war ganz schön durch den Wind. Aber Dave tröstete und ermutigte mich: „Sei stark! Geh deinen Weg mit Gott!“ Wie immer stand er rund um die Uhr an meiner Seite. Ich war so unendlich dankbar, dass ich mich auf ihn verlassen konnte und er sich meiner angenommen hatte.

Immer wieder sprach er davon, wie schön es für ihn gewesen sei, sich taufen zu lassen. Mit der Zeit reifte in mir ebenfalls der Entschluss, ganze Sache mit Jesus zu machen. Ich wollte mich nun endlich auch taufen lassen, um mich öffentlich zu Jesus zu bekennen. Dafür musste ich in der Gemeinde fünf Sonntage lang einen sogenannten Fundamente-Kurs absolvieren. Das wollte ich unbedingt durchziehen! Das war mein erstes wirkliches Ziel, das ich mir im Leben gesetzt hatte. Ich war so stolz, als ich es tatsächlich geschafft hatte.

...

Am 30. Oktober 2016 war es also so weit: Ich ließ mich taufen. Der Pastor meiner neuen Gemeinde hatte mich ermutigt, öffentlich zu besiegeln, was innerlich geschehen war. Die Taufe fand im Garten unseres Gemeindeanwesens statt. Ein Pool mit warmem Wasser stand bereit, als ich auf die Bühne gerufen wurde. Damals ohne Selbstbewusstsein, voller Unsicherheit, stand ich vor den Gemeindemitgliedern und verknotete mir vor Aufregung die Hände.

„Hat jemand von euch ein Bild oder einen Spruch, den er oder sie unserem Täufling in sein neues Leben mitgeben möchte?", fragte der Pastor die Gemeinde. „Ja", sagte eine Frau, die unserer Gemeinde angehört. „Ich sehe einen Phönix, wie er aus der Asche aufsteigt." Dieses Bild berührte mich tief. Ich werde das nie vergessen. Eine andere Frau zitierte das Alte Testament: „Gott sprach zu Abraham: Höre auf deine Frau Sara!" Sie hatte mitbekommen, dass auch Michael, den ich zur Zeremonie eingeladen hatte, anwesend war und fühlte sich genau dazu inspiriert.

Nachdem es in der Runde still wurde, fragte mich unser Pastor: „Warum willst du dich taufen lassen?“ Ich nahm mir ein Herz und antwortete: „Ich möchte mich vor allen zu Jesus bekennen.“ Danach stieg ich mit Hilfe in den kleinen Pool, wo mich unser Pastor vollständig untertauchte. Komplett unter Wasser bin ich in diesem Moment symbolisch mit Christus gestorben und beim Auftauchen mit ihm auferstanden.

Auf diesen Moment hatte ich mich so lange gefreut! Mein altes Ich ist gestorben. Ich war nun ein neuer Mensch. Triefend nass, in meiner schwarzen Hose und meiner weißen Bluse, auf der große schwarze Federn abgebildet waren, reckte ich die Faust in einer Siegerpose hoch in die Luft. Ich war so glücklich wie nie. Der Spruch auf meinem Taufzertifikat „Sei mutig und stark!“ (Jos 1,7 EU) hätte nicht besser passen können.

Nun war ich auch ein vollwertiges Mitglied meiner Gemeinde. Gleich am nächsten Tag war ich Teil des Gebetsteams. Ich war ab jetzt „on fire“ für *meine* Kirche.

...

Wenige Tage später bat ich Michael, aus unserer gemeinsamen Wohnung auszuziehen. Die Trennung musste jetzt sein. Es ging einfach nicht mehr. Er hatte sich zwar bei meiner Taufe zurückgehalten und sich unauffällig und anständig verhalten. Aber er stand nicht wirklich auf meiner Seite. Auch meine Eltern hatten mich schon länger gedrängt, die Beziehung zu Michael zu beenden. Ich musste meinen Weg nun erst einmal allein weitergehen. Ich wollte und musste mit Michael auch die Drogen aus meinem Leben verbannen. Endlich hatte mein Überlebensinstinkt eingesetzt. Ich wollte diese destruktive Beziehung nicht länger führen.

Michael war selbst ja auch drogenabhängig, kam selbst aus einem schwierigen familiären Hintergrund, war teilweise in Kinderheimen aufgewachsen. Er war selbst nicht heil. Unsere Liebe war damals keine gesunde Liebe. Wir waren voneinander abhängig sowie von den Drogen. Wir haben uns gegenseitig kaputtgemacht. Ständig nur Drama und Streit. Wir haben uns immer aufgeheizt. Ich ihn zuletzt mit meinem Schweigen und meinen Tränen und er mich mit seiner Aggression und seinem Kontrollwahn. Wir haben uns gegenseitig kränker gemacht, als wir es schon waren.

Auch für meinen Glauben hatte Michael kein Verständnis, er hatte davor nicht einmal Respekt. Er machte mich bei unseren Bekannten sogar lächerlich damit. Ich glaube, er ahnte, dass mein neuer Weg auch für ihn die größte Herausforderung seines Lebens bedeuten würde, dass er mich – erst einmal – verlieren würde.

Ich wollte mich vor ihm auch nicht länger dafür rechtfertigen, dass ich nun eine tiefe Beziehung mit Jesus aufbaute, denn selbst auf Jesus war Michael eifersüchtig. Er gab mir das Gefühl, als würde ich ihn mit Jesus betrügen. Wie absurd! Und meinen Glauben belächelte er nur. Als gläubiger Christ mit einem Nicht-Christen eine Beziehung zu führen, ist schwierig, weil der andere vieles gar nicht versteht. Und so war es mit Michael auch. Ich war sehr erleichtert, als er ausgezogen war.

Natürlich vermisste ich ihn anfangs sehr. Aber man muss Menschen loslassen, notfalls auch hinter sich lassen, wenn sie einem nicht guttun. Sonst klammert man sich aneinander und beide gehen letztendlich unter. Jeder ist für sein eigenes Leben verantwortlich.

...

Auch meine gute Jugendfreundin Lilli gehörte nun nicht mehr zu meinen Wegbegleitern. Nach der Trennung von Michael hatten wir uns am See verabredet. Ich erzählte ihr, wie sehr ich zuletzt unter der Beziehung gelitten hatte, dass ich aber etwas gefunden hatte, was mir nun wirklich half, das Alte hinter mir zu lassen. Sie saß neben mir mit einer Dose Bier und einem Joint in der Hand. „Ich habe Jesus kennengelernt", platzte es aus mir heraus. Da hat sie mich nur ausgelacht. Das war ein deutliches Zeichen dafür, dass wir nun keine Freundinnen mehr waren. Denn ich wollte akzeptiert werden, nicht ausgelacht.

Es war nun nicht mehr so, wie es einmal war. Ich zog mich von ihr komplett zurück. Sie musste ihren Weg gehen und ich meinen. Auch war ich mir damals nicht sicher, ob ich schon stark genug war, mit Menschen wie ihr zusammen zu sein und auf Dauer den Drogen und auch den Sticheleien zu widerstehen. Lilli war „too close to home" für mich. Ich musste mich damals noch vor mir selbst schützen.

Nur einmal habe ich sie noch getroffen. Ich hatte das Bedürfnis, sie an ihrem Geburtstag zu besuchen. Also tauchte ich einfach unangekündigt bei ihr auf. Ich wollte ihr so gerne eine Freude machen. Und ich hatte Heimweh nach ihr. Zu dem Zeitpunkt hatte ich mit den Drogen aufgehört. Doch an diesem Abend kifften wir in alter Manier gemeinsam.

Obwohl es sich mit Lilli zuerst so schön vertraut angefühlt

hatte, war ich doch erleichtert, als ich wieder nach Hause fahren konnte, in meine eigene Welt – ohne Drogen und Sucht und Negativität.

Ich fühlte mich nach diesem Abend so schlecht, dass ich nur einen Weg sah: Ich musste es im Gebet Jesus sagen: „Ich weiß, das ist nicht das, was du für mich willst. Vergib mir! Ich bin auf dem Weg noch einmal falsch abgebogen. Aber jetzt gehe ich wieder mit dir." Natürlich ist das nicht der Freifahrtschein für alles, was wir falsch machen können. Aber wenn wir einen Fehler gemacht haben, können wir bei Jesus Vergebung finden. Ich war nach meinem Besuch bei ihr noch dankbarer als zuvor für mein neues Leben und dafür, dass ich das alte hinter mir hatte lassen können.

Ich hätte Lilli so gern geholfen, ihr den Weg zu Jesus gezeigt, aber sie war (noch) nicht offen dafür. Ich würde am liebsten alle Menschen um mich herum, die leiden und sich selbst zerstören, bekehren und ihnen zeigen, wie hell und schön Jesus unser Leben macht. Aber die Offenheit dafür muss jeder selbst mitbringen. Ich kann nur für sie beten. Und ihnen ein Beispiel sein. Mehr nicht. So wie es Dave für mich war.

...

Der Besuch bei Lilli zeigte mir, dass meine Jugend nun endgültig vorbei war. Ein wirklicher Meilenstein. Ein Endpunkt. Wie gerne – davon träume ich – würde ich meine Jugend unter anderen Vorzeichen noch einmal leben. Aber das ist nicht möglich. Ich habe mit den Erfahrungen und Menschen aus meiner Kindheit und Jugend Frieden geschlossen. Ich weiß, ich musste all diese Dinge erleben, damit ich heute die sein kann, die ich bin. Gott gebraucht mich dafür, andere zu ermutigen, indem ich von mir erzähle. Ich bin ein lebender Beweis dafür, dass es möglich ist, trotz der schlechtesten Voraussetzungen seinen Weg zu finden und ein gutes Leben zu führen. Lillis Vater übrigens war einige Zeit, nachdem er seine fünfjährige Haftstrafe abgesessen hatte und wieder auf freiem Fuß war, an einer Leberzirrhose gestorben. Er wurde nur fünfundfünfzig Jahre alt. Zuletzt hatte er auch noch Heroin gespritzt und zwei Flaschen Whiskey und eine Flasche Wodka am Tag getrunken.

Sein Tod hat mich sehr getroffen, denn lange Zeit war er ja für mich eine Art Ziehvater. In der Zeit, als meine Eltern mit ihren Problemen und dem Alkoholismus meines Vaters kämpften, war sein Haus mein zweites Zuhause gewesen. Doch zu seiner Beerdigung ging ich nicht. Ich wollte eigentlich gehen, doch ich bekam von Lilli keine Antwort auf meine Frage nach dem Datum für den Bestattungstermin. Ich betete dafür, dass er auf dem Sterbebett Jesus angenommen hatte, damit er in Frieden ruhen könne.

...

Ich selbst hatte zwar nach der Trennung von Michael schon so manches aus meinem alten Leben zurückgelassen, doch auch ich hatte meine Süchte noch nicht ganz unter Kontrolle. Ein Jahr lang habe ich versucht, Drogen mit meinem Glauben unter einen Hut zu bekommen. Was für eine absurde Idee.

Selbst nach meiner Bekehrung nahm ich ab und zu noch Speed. Das altbekannte Gefühl der irren Wachheit, der Überaktivität nahm mich wieder tagelang in Beschlag. Doch es fing zunehmend an, mich zu nerven. Etwas in mir wurde immer lauter:

Ich will das nicht mehr! Dave erklärte mir: „Gott will dir nichts verbieten. Er will nur das Beste für dich. Aber du musst verstehen, was das ist. Sind das die Drogen? Oder eher die Freiheit und Gesundheit?"

Jeden Tag wurde es mir klarer: Ich will Herr meiner Sinne sein. Ich will nicht mehr von einem weißen Pulver kontrolliert werden. Das abstoßende Gefühl wurde immer stärker. Als ich die teuflische Stimme wieder in mir hörte: Komm, zieh doch noch ne Nase!, schrie ich: „NEIN! ICH ZIEHE JETZT NICHTS MEHR!" Die Folge für das „Nein" kam unmittelbar: Ich fühlte mich seelisch und körperlich schlagartig so viel besser.

Aber auch dann war ich noch nicht ganz frei. Ich kiffte noch, zwar keine Bong mehr wie früher, aber Joints. Viele Joints, schon früh am Morgen. Ich dachte, das würde mir alles ja nichts ausmachen. Ich spürte davon auch so gut wie keine Wirkung mehr.

Beten und Gras rauchen? Wirklich? Nein, auch das passt nicht zusammen. Aber auch für diese Erkenntnis brauchte es seine Zeit. Je mehr ich mich mit dem Glauben beschäftigte, umso bewusster wurde ich mir, dass ich ja von dem Gras gar nichts hatte. Es war nur Geldverschwendung. Es macht ja gar nichts mehr mit mir, dachte ich mir. Heute weiß ich, es machte sehr wohl etwas mit mir: Es fesselte mich. Es isolierte mich. Es machte mich weiterhin krank.

Auch konnte ich es nicht mehr mit mir selbst vereinbaren, Gras zu rauchen und gleichzeitig anderen Menschen von meinem Glauben zu erzählen. Das passte einfach nicht zusammen.

In der Kirche, in die ich jetzt regelmäßig ging, waren alle sehr gastfreundlich. Sie nahmen mich in den Arm, luden mich ein, erzählten mir von sich, schienen keine dunklen Geheimnisse mit sich herumzutragen. Doch ich hatte das Gefühl, als führte *ich* ein Leben im Verborgenen. Ich konnte nie ganz aus mir herausgehen. Mich nie ganz zeigen. Ich traute mich nicht, sie zu mir einzuladen; sie könnten ja etwas von meinem Marihuana-Konsum mitbekommen, es riechen. Aber ich wollte doch genauso wie sie im Licht leben. Das schien so wunderschön zu sein. Komplett im Licht zu stehen.

Der Wunsch, mein Leben zu bereinigen, erlaubte keinen Aufschub mehr. Ich wollte endlich heil sein.

Der Moment, in dem Gott ein weiteres Wunder an mir tat, war gekommen. Ich hatte den Beschluss gefasst, und von einem Moment auf den anderen hörte ich auf, Gras zu rauchen, etwas, was ich seit vielen Jahren fast täglich getan hatte. Eigentlich äußerlich ein unspektakulärer Moment, niemand war Zeuge meiner Entscheidung. Es war mitten am Tag. Einsicht. Erkenntnis. Bewusstsein. Selbstliebe. Gottes Segen. Willensstärke.

Es war besiegelt. Ja, mein Wille war jetzt so stark wie nie. Mit Gottes Hilfe.

Noch am Abend zuvor hatte ich bei meinem Bruder Daniel Gras geholt. Ich erinnerte mich an einen Tag einige Monate zuvor: Als ich ganz frisch von Gott berührt worden war, hatte ich ihm davon erzählt, dass mein altes Ich zu bröckeln anfing, dass ich Hoffnung auf ein anderes Leben hatte. In meiner Begeisterung wollte ich ihm so gern davon erzählen, was gerade in und mit mir geschah. Doch er äffte mich nur nach, fast hysterisch. Ich war so verletzt, dass ich mich ins Bad zurückzog, um dort zu weinen. Doch er ließ mich nicht in Ruhe. Er öffnete sogar die Badezimmertür von außen, um mich weiter zu beschämen. Es war grausig. Ich schrie ihn an, dass er weggehen solle. Das tat er auch schlussendlich. Aber es war etwas in mir zerbrochen. Ich hatte kein Vertrauen mehr zu ihm.

Als ich also in jener Nacht zu ihm ging, um Gras zu holen, fing er wieder an, mich aufzuziehen, mich zu provozieren. Daniel war betrunken und auf Drogen. Er lallte: „Meinst du wirklich, dass dein Jesus dich rettet?“ Ich antwortete: „Ja, das ist es, was ich glaube. Aber selbst, wenn es nicht so wäre, dann hätte mir mein Glaube geholfen irgendwann mein Leben in den Griff zu bekommen.“ Obwohl ich Daniel ja kannte und wusste, dass er andere gerne – ohne böse sein zu wollen – anpöbelte und auf die Probe stellte, war ich dennoch von dem, was er gesagt hatte, verletzt. Ich zeigte es ihm aber nicht und ging weinend und verunsichert nach Hause.

Daheim angekommen, beruhigte ich mich, indem ich Lobpreismusik hörte. Ich beschloss: Das war das letzte Mal, dass ich bei meinem Bruder Gras geholt habe. Ich lasse es nicht weiter zu, dass er meinen Glauben infrage stellt. Ich werde mir nichts mehr bei ihm holen. Und dabei ist es geblieben.

...

Die erste Woche ohne Drogen war heftig, richtig krass. Ich konnte nicht einschlafen, ich war gereizt und fühlte mich unwohl. Ich wusste nicht, was ich mit mir anfangen sollte. Ich musste mir unbedingt eine Ablenkung, eine neue Aufgabe suchen. Also meldete ich mich kurzerhand bei einem Fitnessstudio an. Dort trainierte ich ab sofort fast täglich. Das half enorm. Ich powerte mich bis zur Erschöpfung aus. Und immer wenn der Suchtdruck besonders stark wurde, nahm ich meine Bibel in die Hand und las darin. Das hat mir jedes Mal enorme Kraft zum Durchhalten gegeben. Ich zählte jeden Tag ohne Drogen. Es hat mich so stolz gemacht, wenn wieder ein Tag vorbei war.

...

Ich hatte insgesamt drei Rückfälle. Das erste Mal, als ich Lilli an ihrem Geburtstag besucht hatte. Das zweite Mal, als ich an meinem eigenen Geburtstag einfach Lust hatte, mir einen Joint anzustecken. Mir wurde schnell klar, dass das eigentlich das falscheste Geburtstagsgeschenk war, das ich mir je hätte machen können. Gott sei Dank hat es mir nämlich überhaupt nicht mehr geschmeckt. Und ich beließ es bei ein paar Zügen.

Ein paar Monate später, ich hatte mich gerade einigermaßen in meinem Leben berappelt und eine gesunde Routine gefunden, wurde ich von einem Mann, den ich auf einem Datingportal im Internet kennengelernt hatte, sehr enttäuscht. Er hatte sich als Amerikaner und Christ ausgegeben. Ich war damals fest davon überzeugt, dass alle Christen grundsätzlich gute Menschen seien, denn so kannte ich es aus meiner Gemeinde. So hatte ich mich vollkommen auf diesen Kontakt eingelassen.

Über Monate hinweg telefonierten wir täglich, kamen uns immer näher. Nur wohnte dieser neue Freund anscheinend auf der anderen Seite der Welt. Und dann hatte er auch noch Geldprobleme … Also überwies ich ihm mehrere Tausend Euro. Ich wollte doch helfen … Doch ich war auf dem Holzweg. Er hat mich einfach um das Geld betrogen. Als er merkte, dass nicht mehr zu holen war, verschwand er urplötzlich im unendlichen Äther des Internets. Ich war verzweifelt und traurig.

In diesem Moment war mir alles egal, der alte Impuls der Selbstzerstörung keimte wieder in mir auf und ich beschaffte mir erneut Gras für einen Joint. Während ich rauchte, machte ich mir Vorwürfe und wurde natürlich irgendwann auch wütend. Aber mehr auf mich selbst: Wie konnte ich nur so naiv sein?

Heute sehe ich das anders: Meine Blauäugigkeit hat mir in meinem schwierigen Alltag damals, als ich auf meine eigenen Beine kommen musste, emotional auch Stabilität geschenkt. Es war jemand da, der mir zuhörte, der mir Aufmerksamkeit schenkte. Auch wenn das von dem Mann nicht ehrlich gemeint war, kam es in meinem Herzen an. Es war einfach wichtig gewesen, diese Erfahrung zu machen. Alles Teil meines Heilungsprozesses. Auch dafür bin ich heute dankbar. Es war in dieser Nacht bei einem Joint geblieben. Ich fand schon am nächsten Morgen wieder auf meinen Weg zurück, so sehr war ich bereits gefestigt.

In dem Moment, als ich Hilfe zulassen konnte, als ich eine Ahnung davon bekam, dass ich wertvoll und liebenswert bin, konnte ich den Kreislauf von Drogen, Depression und Konflikten durchbrechen. Ich wurde frei, Schritt für Schritt. Durch Gottes Hilfe.

Gott ist Freiheit

Wie habe ich es immer gehasst! Stillsitzen. Stundenlang. Die Versammlungen der Zeugen Jehovas waren für mich als Kind eine Qual gewesen. Jeden Freitagabend, stundenlang, wie es mir schien. Jeden Sonntagvormittag. Ebenfalls stundenlang. Sitzen. Still sein. Bei diesen Gottesdiensten gab es kein Kinderprogramm, kein Spielzeug. Nur das Gerede der Erwachsenen. Keiner lachte. Immer war alles so ernst.

Und dann noch hineingezwängt zu sein in mit Rüschen übersäte Mädchenkleider, die nicht nur unbequem waren, sondern auch noch überall kratzten. Schrecklich! Und man musste sich immer verstellen, sich so zeigen, wie man gar nicht war.

Hinzu kamen noch die tagelangen Kongresse am Wochenende zwischen den Versammlungen, bei denen sich Hunderte von Jehovas Zeugen trafen. Zum Beispiel im Olympiastadion. Noch schlimmer. Denn jetzt mussten wir noch länger am Stück stillhalten. Es gab überhaupt keine Abwechslung für uns Kinder. Auch für meine Brüder waren diese Zusammenkünfte der blanke Horror. Ich habe mir damals vorgenommen, aus der Kirche sofort auszutreten, sobald ich alt genug wäre.

Die Langeweile war unerträglich. Ich war dazu noch so ein aufgewecktes Kind, das sich gerne bewegte. Irgendwann hatte ich herausgefunden, dass meine Mutter mit mir den Raum verließ, um niemanden zu stören, wenn ich mich nur lang genug danebenbenahm. Also wurde das zu meiner Strategie, die ich regelmäßig anwendete. Und es klappte jedes Mal wieder.

Einzige Rettung: Ein gelbes Buch mit Bibelgeschichten für Kinder. Das habe ich sehr geliebt. Ich kannte es allerdings auch irgendwann auswendig. Also setzte die Langweile wieder ein.

Oft kamen unsere Glaubensbrüder und -schwestern auch zu uns nach Hause. Bei den sogenannten privaten Versammlungen ging man in kleinen Gruppen Bibelverse durch, besprach den Glauben und bestärkte sich gegenseitig in den christlichen Werten. Für uns Kinder bedeutete das erneut: still sein, brav sein, nicht auffallen und möglichst – natürlich! – stillsitzen. Ein ständiger Albtraum.

...

Unsere Familie lebte als Zeugen Jehovas nach strengen Regeln. Selbstverständlich wurde vor dem Essen gebetet. Das ging ja noch. Denn das dauerte nicht lang. Gebete gehörten immer überall dazu. Wenn meine Mutter verzweifelt war, hörte man sie immer laut rufen: „Lieber Gott, hilf mir! Bitte hilf mir!“

Aber was viel schlimmer war: Wir durften unsere Geburtstage nicht feiern. Keine Geschenke, keine Torte, wie ich es von anderen Kindern mitbekam. Freuten sich meine Eltern denn gar nicht darüber, dass wir geboren worden waren? Ich konnte das als Kind gar nicht verstehen. Auch Weihnachten existierte bei uns nicht. Wenn also im Advent überall die Lichter an den Häusern und in den Einkaufsstraßen leuchteten, wenn man Sterne sah und die Schaufenster mit dem neuesten Spielzeug bestückt waren, mussten wir schnell daran vorbeigehen.

Ich wollte dem Ganzen auf den Grund gehen und fragte meine Mutter, als wir wieder einmal keinen Schokoladen-Adventskalender im Supermarkt bekamen: „Mama, warum freuen wir uns nicht über die Geburt von Jesus?" Seltsam. Sie schwieg. Keine Antwort. Wusste sie das denn nicht?

Wirklich schlimm war es nach den Weihnachtsfeiertagen im Kindergarten, wenn die anderen Kinder mit ihren Geschenken angaben, die sie bekommen hatten. Und ich? Ich konnte nicht mithalten, denn ich hatte ja nicht ein einziges Geschenk erhalten.

Eine andere Lebensregel der Zeugen Jehovas besagte: Keine bösen Wörter in den Mund nehmen. Wenn also meine älteren Brüder „geil" sagten, folgte prompt ein Anschiss meines Vaters. „Das sagt man nicht! Und schon gar nicht in diesem Haus!" Wir sollten, nein, wir mussten, „gottgefällig" leben und sprechen. Was auch immer das bedeutete.

Ich verstand nur eines: Gott ist wohl ein ziemlich strenger Mann. Und so müsste es sich anfühlen, wenn man im Gefängnis einsitzt.

Fast noch schlimmer als das Stillsitzen bei den Versammlungen der Zeugen Jehovas war das Wandern von Tür zu Tür, wenn ich mit meiner Mutter und einer anderen Frau aus der Kirche missionieren gehen musste. Wir liefen stundenlang die Straßen entlang und ließen uns in den meisten Fällen die Tür vor der Nase wieder zuknallen. Wenn überhaupt aufgemacht wurde. Fast niemand wollte die frohe Botschaft hören, die meine Mutter lächelnd anpries. „Haben Sie etwas Zeit?" – „Für Sie nicht!" Tür zu. Auf diesen nicht enden wollenden Wanderungen, auch bei Regen und

Schnee, wurden wir immer wieder mit „Sekte“ beschimpft. Das machte mir Angst. Wir schienen einfach nicht zu den anderen dazuzugehören.

Mit meiner Oma hatten meine Eltern wegen unserer Konfessionszugehörigkeit ständig Diskussionen. Ich hörte auch hier immer wieder das Wort „Sekte“, konnte damit aber damals nichts anfangen. Es musste etwas Böses sein, das war klar. Denn meine Großmutter erhob immer mahnend den Zeigefinger ihrer rechten Hand, wenn sie es in den Mund nahm.

Unsere Oma war so sehr katholisch, dass ich den Eindruck hatte, dass sie auch einen Gott hatte, der ein strenger Mann war. Warum sonst sollte sie so ernst über das alles sprechen? Auch sie ließ keinen Sonntag aus, ohne in die Kirche zu gehen. Auch sie gab meinen Brüdern manchmal einen kleinen Klaps auf den Hinterkopf, wenn sie Wörter sagten, die ihr nicht passten, auch wenn es nur „boah“ war. Die Bibel lag bei ihr immer griffbereit. Und Kruzifixe hingen gleich in mehreren Zimmern. Ach so, und soweit ich mich erinnere, zog auch sie zur Messe immer einen Rock an. Ich fragte mich schon damals, was das eigentlich für Gott für einen Unterschied machte, ob man Hose oder Rock trug.

Doch irgendwann war Gott sei Dank Schluss mit diesem „Sekten“-Spuk. Von einem Tag auf den anderen: keine Versammlung mehr, keine Rüschen-Kleidchen, keine Bibelstunden. Nur das Beten bei den Mahlzeiten gaben meine Eltern nicht gleich auf. Aber auch das verlief mit der Zeit im Sande. Und irgendwann war Gott überhaupt kein Thema mehr zu Hause.

Anfangs kamen immer wieder Bekannte aus der Kirche zu uns. Sie schienen besorgt um uns. Ich hörte, wie sie unsere Eltern davon überzeugen wollten, doch wieder in die Gemeinde zu kommen. Aber meine Eltern schickten sie, freundlich, aber bestimmt wieder weg. Niemand erklärte uns Kindern, was geschehen war, warum wir nun nicht länger eingepfercht in hölzernen Bankreihen stundenlang verharren mussten. Aber das war mir auch ganz egal. Hauptsache: keine Langeweile mehr aushalten müssen.

Als ich älter wurde, versuchte meine Oma mich immer wieder zu überreden, dass ich mich doch katholisch taufen lassen solle. Sie war aufrichtig um mein Seelenheil besorgt. Doch die Erinnerung an die Erfahrung mit den Zeugen Jehovas steckte mir noch in den Knochen. Religion war ein rotes Tuch für mich. Ich lehnte alles ab, was damit zu tun hatte.

Erst als mein Bruder Simon das erste Mal wegen Drogendelikten ins Gefängnis musste, war Gott wieder ein Thema bei uns in der Familie. Mein Vater gab ihm nämlich eine Bibel mit in den Knast und schrieb ihm Psalm 23 auf die erste Seite: „Der Herr ist mein Hirte, nichts wird mir fehlen …" Da war ich dreizehn Jahre alt. Ich war beeindruckt davon, dass Simon die Bibel tatsächlich einpackte. So unwichtig war Gott also doch nicht.

Ein paar Jahre später, als ich siebzehn war, sollte ich die Taufpatin meiner neugeborenen Nichte werden. Das wollte ich so gerne sein. Doch: Ich war ja nicht katholisch getauft, nicht Mitglied einer christlichen Kirche. Es ging also nicht. Eigentlich wollte ich mich tatsächlich katholisch taufen lassen, nur damit ich für meine Nichte als Taufpatin da sein konnte, aber mein Vorsatz verlief im Sand. Heute bin ich froh, dass es nicht dazu gekommen ist. Es wäre doch nur ein oberflächlicher, zweckmäßiger Akt gewesen, ohne Substanz.

In der Clique meines Bruders Simon gab es zu der Zeit einige Kumpels, die das Wort „Christ“ ständig im Mund führten. Sie behaupteten, gläubig zu sein. Aber: Es war auch irgendwie hip, „Christ“ zu sein und eine fette Goldkette mit einem Kreuz um den Hals zu tragen. Und auch ich spielte mit und bezeichnete mich als „Christin“. Dabei hatte ich überhaupt keinen Plan, was das bedeuten sollte. Aber so gehörte man dazu und grenzte sich von der muslimischen Gang ab. Ich nehme an, es war auch eine Art Abkupfern der Bilder, die wir uns ständig über die Hip-Hop- und Rap-Videos reinzogen. Es war einfach cool, eine Art Dresscode.

Mein Bruder Daniel war ebenfalls mit dem „Heiligen Peter“ befreundet, den er bei Lillis Papa kennengelernt hatte. Peter bezeichnete sich ja öffentlich als Christ und er gehörte tatsächlich einer Gemeinde an, praktizierte seinen Glauben ernsthaft. Man merkte ihm an, dass es ihm nicht um irgendwelche Äußerlichkeiten ging. Für ihn war das Wort „Nächstenliebe“ auch nicht nur eine leere Hülle. Als Daniel obdachlos wurde, half er ihm eine Wohnung zu finden. Er sammelte bei allen Freunden Geld für ihn. Er wollte ihm wirklich Gottes Liebe zeigen, nicht nur davon reden.

Peter lud uns ein, mit ihm zum Gottesdienst zu kommen. Er war Mitglied der Freien Evangelischen Gemeinde München. Wir ließen uns überreden. „Aber ihr dürft davor auf keinen Fall kiffen!“, mahnte uns Peter. „Na gut, dann essen wir es halt“, grinste Daniel mich hinter Peters Rücken an. Um nicht nach Gras zu riechen, aßen wir tatsächlich einfach das Marihuana und gingen so high in den Gottesdienst. Mir hat es dort zwar gefallen, aber es war mir dennoch alles zu viel. Nach der Hälfte ging ich raus.

Das war es erst mal wieder gewesen mit Gottesdienst und Gott und Beten.

Nachdem ich allerdings selbst zum Glauben gefunden hatte, wurde ich eines Tages gebeten, von meinem Weg zu Gott zu erzählen. Und wo sollte das zum ersten Mal stattfinden? In der Freien Evangelischen Gemeinde in München! So schloss sich der Kreis.

Ich war wahnsinnig aufgeregt, als ich nach vorne ging und zu sprechen begann. Ich erzählte von meiner Kindheit, meinen Erfahrungen mit den Drogen. Und ich berichtete davon, wie ich Jesus gefunden, wie Dave mir geholfen hatte. Aber ich sprach auch von dem Gefühl der Freiheit, das ich seither habe, seit ich Gott in mein Herz gelassen habe.

Als Kind verband ich Gott mit Enge, Strenge und Unfreiheit. So wurde er mir gezeigt.

Doch Gott ist das genaue Gegenteil.

Er braucht keine Rüschen-Kleidchen, keine geflochtenen Haare, kein aufgesetztes Lächeln. Gott wünscht sich von uns nichts mehr als ein offenes Herz für ihn. Er will, dass wir aus freien Stücken zu ihm kommen. Nur in der Freiheit ist Liebe möglich.

Ich bin an vielen Stellen meines Körpers tätowiert und gepierct. Ich trage zerlöcherte Jeans und bauchfreie Oberteile. Ich bin ich. Ich würde mich nie anders anziehen, um in einen Gottesdienst zu gehen. Und niemand aus meiner Gemeinde sieht mich deshalb schräg an oder erwartet, dass ich mich mausgrau kleide. Darum geht es überhaupt nicht. Ich verstelle mich nicht, spiele keine Rolle, verstecke mich nicht hinter einem Bild, das ich nicht bin.

Gott will mich, wie ich bin. So nimmt er mich. So braucht er mich sogar.

...

Ein paar Monate nach meiner Taufe ließ ich mir „JESUS" von Schulter zu Schulter groß und deutlich auf meine Brust unterhalb des Halses tätowieren. Die ganze Welt sollte ab jetzt sehen, wie viel mir Jesus bedeutet, dass er mein Halt ist, mein Mittelpunkt, meine Rettung.

Mein Bruder Daniel, der gleich nach mir einen Termin zum Tätowieren hatte, begleitete mich in das Tattoo-Studio und konnte mal wieder nicht anders, als mich zu necken: „Na, wir werden schon sehen, wie sie zusammenzuckt vor Schmerzen für ihren Jesus!" Ich weiß, er meinte es nicht böse. Er ist einfach so. Aber tatsächlich hatte ich in den zweieinhalb Stunden, während ich tätowiert wurde, null Schmerzen. Ich wunderte mich selbst, dass es mir einfach nicht wehtat. Ich kannte es von anderen, viel kleineren Tattoos, dass ich mich doch sehr zusammenreißen musste. Als mein „JESUS" fertig war, habe ich mich im Spiegel angesehen und war überglücklich.

Obwohl mir dieses Tattoo in erster Linie nur für mich selbst wichtig ist, hat es doch auch noch eine andere Bedeutung. Häufig sprechen mich Menschen auf das Tattoo an. Ich komme dann mit ihnen ins Gespräch, erzähle ihnen von mir und meiner Geschichte und von Gott. Viele sind verwundert, weil sie nicht erwarten, dass eine moderne Frau mit so einem Outfit gläubige Christin ist. Ich glaube, das beeindruckt sie dann sehr. So kann ich auf Schritt und Tritt andere auf Jesus aufmerksam machen.

Noch häufiger werde ich im Sommer, wenn ich kurze Hosen oder Röcke trage, auf ein anderes Tattoo angesprochen, das ich mir etwas später auf den Oberschenkel habe tätowieren lassen: „ICH BIN DIE TOCHTER EINES KÖNIGS ICH LASSE MICH NICHT VON DER WELT EINSCHÜCHTERN DENN MEIN GOTT IST MIT MIR UND GEHT VOR MIR HER ICH FÜRCHTE MICH NICHT, DENN ICH BIN SEIN". Das ist ein langer Text, den dann alle immer lesen wollen. Und schon sind wir im Gespräch über Jesus. Das freut mich immer sehr. Vor allem junge Menschen, die vielleicht selbst gepierct oder tätowiert sind, haben keine Scheu mich anzusprechen. Die Hemmschwelle ist sehr niedrig und die Offenheit größer.

...

Ja, Gott will mich, wie ich bin. Ich darf ich sein. Vor Gott und vor den anderen. Ist das nicht wunderschön?! Im Gegenteil: Es ist sogar wichtig, dass wir vor Gott alle Masken ablegen, die wir versuchen im Alltag aufrechtzuerhalten. Bei Gott, im Gottesdienst, muss ich nichts beweisen.

Als ich meine Geschichte mit Gott zum ersten Mal vor einer größeren Gruppe erzählt habe, sagte ich, dass ich eine Sklavin meiner Drogensucht war, jeden Moment des Tages unfrei. Erst als ich erfuhr, dass Gott mich bedingungslos liebt, hatte ich die Kraft mich zu befreien. Er hat mir diese Kraft gegeben. Ich sprengte meine Fesseln.

Frei ist man dann, wenn man nicht mehr von etwas oder jemandem kontrolliert wird. Gott kontrolliert nicht. Er hat nicht die Joints gezählt, die ich in meinem Leben geraucht habe. Er war da, als der Zeitpunkt gekommen war. Durch Gott bin ich in die Freiheit gelangt. Aber es hätte keinen Moment früher sein können. Ich brauchte die Erfahrung der Unfreiheit, um heute von der Freiheit sprechen zu können, um anderen helfen zu können, auch frei zu werden.

Es ist wie in einer zwischenmenschlichen Beziehung. Wenn es gut laufen soll, darf sie nicht auf Zwang basieren, sondern es braucht Freiheit. So ist es auch in der Beziehung zu Gott. Ich muss mich frei für ihn entscheiden und ich muss mich frei fühlen, damit eine gute, liebevolle Beziehung entstehen kann.

Gott hat mir die größte Freiheit geschenkt, die es gibt. Es wird bis heute an Karfreitag gefeiert, aber eigentlich hat es Auswirkungen auf jeden Tag meines Lebens: Dadurch, dass Jesus sich auch für mich ans Kreuz schlagen ließ, bin ich frei von den Fehlern aus meiner Vergangenheit und frei anzunehmen, dass ich wertvoll bin. Und deshalb bin ich unabhängig von anderen Menschen und ihrem Urteil über mich. Ich habe meine Identität in Jesus gefunden, allein in Jesus. Das kann mir niemand nehmen.

Ein neues Fundament

Seit ich zu Gott gefunden habe, steht mein Leben auf einem ganz neuen Fundament. Es besteht aus Hoffnung, Glauben und Liebe. Das Blatt hat sich gewendet. Um 180 Grad. Zwar brauchte diese Wendung seine Zeit. Aber Schritt für Schritt führte Dave mich immer mehr zu dem Leben, das Gott sich für alle wünscht: ein Leben in Harmonie, in Gesundheit und Frieden.

Doch ein solches Leben fällt einem nicht einfach in den Schoß. Am Anfang eines solchen Lebens steht eine klare Entscheidung: für das Licht. Für das Gute. Für die Freiheit. Ohne sie funktioniert es nicht. Doch eine solche Entscheidung konnte ich erst treffen, als ich bereit dafür war, mein altes Leben hinter mir zu lassen, als ich am Tiefpunkt angelangt war und eine Ahnung davon bekam, dass ich nur durch Gott die Kraft dazu bekomme.

Von Gott weiß ich jetzt:
Ich bin wertvoll.
Ich bin liebenswert.
Ich kann mir selbst und meinen Einschätzungen vertrauen.
Ich verdiene es, dass mich andere respektvoll behandeln.

Ich habe aber auch gelernt:
Ich trage für mich selbst die Verantwortung.
Ich muss mich um mich selbst kümmern.
Ich darf mich nicht ausnutzen, misshandeln oder missbrauchen lassen.
Ich bin verantwortlich dafür, dass ich mir Ziele setze und sie erreiche.
Wenn ich eine Wahl treffe, bin ich für die Konsequenzen verantwortlich.
Ich muss dafür Sorge tragen, dass es mir finanziell, aber auch seelisch gut geht.
Ich bin für meine Gesundheit verantwortlich.

Ich frage mich also regelmäßig: Was muss ich tun, dass ich mich gut um mich und meine Familie kümmere?

...

Bei all dem hilft mir mein Glaube. Und die Ausübung meines Glaubens. Denn der Glaube allein ist nur der Anlasser sozusagen. Doch ich muss regelmäßig tanken, die Verkehrsregeln beachten und entscheiden, wohin ich fahren möchte. Ab und zu braucht mein Fahrzeug auch eine Inspektion. Ich muss unter Umständen Ersatzteile besorgen. Und damit ich mich im Auto wohlfühle, muss ich es hin und wieder waschen. Und beim Fahren höre ich gern Musik, damit ich entspannt lenke. So ungefähr ist es auch mit der praktischen Anwendung des Glaubens.

Tanken im übertragenen Sinn kann ich am besten dadurch, dass ich Predigten anhöre oder in der Bibel lese. Wenn ich mich jeden Tag neu dazu entscheide, auf Gott zu vertrauen, dann hilft mir das, mich von ihm leiten zu lassen, in welche Richtung es geht. Und wenn es mich beispielsweise belastet, weil ich im Alltag mit meinen Kindern überreagiert habe, dann lasse ich mich im Gespräch mit Gott reinwaschen.

Die Basis für alles in meinem Leben ist heute das Gebet. Kein Tag beginnt oder endet bei uns ohne ein Dankgebet. Unsere Familie betet vor und nach dem Essen. Damit zeigen wir unsere Dankbarkeit für die Fülle des Lebens. Wir machen uns aber auch bewusst, dass es durchaus nicht selbstverständlich ist, gut genährt durch den Tag zu gehen.

Wir beten auch, wenn schwierige Entscheidungen anstehen. Der Heilige Geist möge uns ein Zeichen geben, sodass wir eine gute Entscheidung treffen – oder die richtige. Auch wenn wir Beistand brauchen, wenn es uns nicht gut geht, beten wir. Ich merke, wie diese Gebete vor allem unseren Töchtern guttun, wenn sie einmal Angst vor einer Klassenarbeit haben oder vor einem Auftritt in der Schule. Sie spüren dann ganz deutlich, dass sie nicht nur von uns gestützt werden, sondern dass noch jemand viel Größeres hinter ihnen steht und sie beschützt, egal, was passieren mag.

Das haben wir ganz konkret im Alltag erlebt. Als wir einmal in München zu einer Veranstaltung unserer Kirche fahren wollten, waren auf einmal alle Zufahrten zu dem Gelände gesperrt. Irgendein Sport-Event fand gleichzeitig in der Gegend statt. Wir waren ratlos, wie wir unter diesen Umständen pünktlich ankommen sollten, wie wir überhaupt ankommen sollten. Alle Wege waren zu. Uns fiel nichts anderes mehr ein als zu beten. Und mit einem Mal tat sich vor uns eine Straße auf. Die Barrikade, die gerade noch dort gestanden hatte, wurde von Security-Leuten weggetragen und wir konnten weiterfahren. Der lebendige Gott bahnt uns den richtigen Weg.

Ein Gebet half mir auch in einer vollkommen anderen Lebenslage. Als ich nach der Trennung von Michael mit meinen drei Töchtern alleinerziehend war, wollte ich einer Bekannten von mir helfen. Sie hat vier Kinder und erkrankte an Gebärmutterkrebs. Also musste sie ins Krankenhaus, um sich einer Operation zu unterziehen. Sie hatte eine Hündin, einen Mischlings-Listenhund, um die sie sich in der Zeit nicht mehr kümmern konnte. Sie wollte sie hergeben und bat mich, ihr bei der Vermittlung des Hundes zu helfen. „Kann ich sie solange übergangsweise zu dir bringen, bis sie ein neues Zuhause gefunden hat?", bettelte sie. Ich konnte ihr diese Bitte nicht abschlagen. Es sollte ja auch nur für kurze Zeit sein.

Doch nach zwei Monaten war die Hündin immer noch nicht vermittelt. Und – Überraschung – sie bekam eines Tages elf Welpen. Ich hatte mich schon etwas über den dicken Bauch gewundert, aber ihre Besitzerin hatte mich keineswegs vorgewarnt. Wahrscheinlich wusste sie selbst nicht, dass ihre Hündin trächtig war. Oder vielleicht doch? Hatte sie einen Plan gehabt? Denn am nächsten Tag, als sie auf Facebook gesehen hat, dass ihre Hündin bei mir geworfen hatte, meldete sie sich bei mir: „Ich will meinen Hund zurück. Aber ohne die Welpen." Sie meinte, sie würde sie jetzt sofort abholen. „Aber die Welpen brauchen doch ihre Mutter!", wandte ich ein. Das schien sie nicht zu kümmern. Wie herzlos!

Ich ging zur Polizeistation und schilderte den Fall. Welche Rechte hatte ich? Meine Bekannte hatte mir die Steuermarke sowie den Hundepass mit der Hündin übergeben. Also eigentlich hatte ich das Recht, sie auch zu behalten, so zumindest erklärte mir die Polizeibeamtin die Lage. Just in dem Moment, als ich gerade weg war, tauchte die frühere Besitzerin tatsächlich bei uns auf. Meine älteste Tochter öffnete unwissend die Tür und ließ sie den Hund mitnehmen. Was hätte sie auch sonst tun sollen? Meine Bekannte war wohl an der Tür genauso eindeutig fordernd gewesen wie am Telefon. Als ich zurückkam, war der Schock groß: Was sollte ich nur mit elf frisch geborenen Welpen ohne Mutter machen? Ich war so wütend. Die Polizei auf jeden Fall konnte mir nicht weiterhelfen, denn meine Bekannte hatte sich an keinem festen Wohnsitz gemeldet und konnte deshalb auch nicht ausfindig gemacht werden.

Als Nächstes versuchte ich beim Veterinäramt, beim Tierschutzbund, beim Tierheim Hilfe zu bekommen. Aber auch nach zwei Stunden Herumtelefonieren war ich nicht weitergekommen. Ich hatte keine Ahnung, was ich jetzt tun sollte. Früher hätte ich in so einem Fall erst einmal einen Joint angezündet und versucht zu vergessen, wie das Leben mich herausforderte. Aber nun hatte ich ja eine andere Möglichkeit mit der Situation umzugehen: Ich gab alles an Gott ab. Und betete.

Nach dieser kurzen Ruhephase nach all der Hektik des Tages hörte ich Gottes Antwort in mir: „Folge deinem Instinkt und vertraue." Ich stand auf und googelte „Nahrung für Welpen". Mit dem Stichwort „Welpenmilch" ging ich nun in ein Geschäft für Tierbedarf und kaufte genau das.

Ich war also nun die Ersatzmama für elf kleine Wesen. Ich fütterte sie und massierte ihren Bauch. Ich hielt sie warm und gab ihnen Geborgenheit. Ich tat das, was mir mein Instinkt sagte.

Am Anfang wog ich die Kleinen täglich, damit ich ja nicht verpasste, wenn einer der Welpen untergewichtig war und vielleicht zu wenig Milch bekam. Ich setzte mich damit aber unter einen schrecklichen Druck. Deshalb ließ ich es irgendwann sein. Ich ließ innerlich los und bekam mehr Sicherheit, dass ich meinem Gefühl trauen konnte.

Nach drei Monaten waren alle elf wohlauf. Ich hatte es geschafft! In meiner kleinen Wohnung und mit drei kleinen Kindern. Ich war richtig stolz auf mich.

Jetzt musste ich nur noch für jeden einzelnen der kleinen Hunde ein gutes Zuhause finden. Ich verkaufte die Welpen für einen geringen Preis, der meine Unkosten der vergangenen Monate abdeckte. Nur einen haben wir schließlich doch selbst behalten.

Ich habe das alles nur so gut bewältigt, weil ich einen klaren Moment im Gebet gesucht und gefunden hatte. Ich war davor zu aufgewühlt für irgendeinen vernünftigen Schritt gewesen. Gott war auch da an meiner Seite.

Als die Welpen allesamt ausgezogen waren, fragten meine Töchter, was denn eigentlich aus der Mutter der Welpen geworden sei. Ich musste ihnen antworten, dass ich es nicht wisse. Um ehrlich zu sein, wollte ich es auch gar nicht wissen. Auch zu den Welpen habe ich keinen Kontakt mehr. Ich musste loslassen, sonst wäre mein Herz zu schwer gewesen, schließlich hing ich doch sehr an den Kleinen. Ich habe den Auftrag, den das Leben mir gab, erfüllt. Mission erfüllt. Mit Gottes Hilfe.

Eng mit dem Gebet verknüpft ist für mich, dass ich regelmäßig in der Bibel lese. Ich habe mir eine Bibel-App auf mein Handy heruntergeladen. Jeden Morgen nehme ich mir einen Moment dafür Zeit, setze mich hin und lese den Vers des Tages. Ich lese ihn laut und flechte ihn so in mein Gebet ein. Dieses erste Gespräch des Tages mit Gott ist so ähnlich wie die Absprachen, die man morgens mit einem Partner trifft. Genauso braucht meine Beziehung zu Gott Kommunikation, damit sie funktioniert.

Auch im Familienkreis lesen wir die Bibel gemeinsam und versuchen, unseren Kindern die Inhalte für ihr Alter entsprechend zu vermitteln. Damit es ihnen besonders Spaß macht, singen wir moderne christliche Lieder zusammen. Dann kommt Schwung in die Bude! In den Liedern machen wir unseren Gott groß, wir loben ihn, wir zeigen unsere Freude daran, dass es ihn gibt, dass wir ihn gefunden haben, dass er unser Leben besser macht, dass er unsere Stärke ist.

Dafür gibt es keine vorgegebene Form, keine Mindestdauer. Wir gestalten unseren Lobpreis ganz nach unserem Geschmack, frei und ohne Zwang. Die Lieder sind wie vertonte Gebete, die oft auf Bibeltexten beruhen. Aber fast immer mit einer aufbauenden, fröhlichen, harmonischen Melodie. Da sich die Verse in Liedern oft wiederholen, kann sich der darin vermittelte Zuspruch somit gleich in uns festigen. Mit ihnen verinnerlicht man das, was einem Kraft und Hoffnung gibt. Je öfter man Dinge ausspricht, desto mehr wirken sie in einem selbst. Manchmal hören wir das gleiche Lied zigmal hintereinander, weil es uns so gut gefällt. Und die Mädchen tanzen dazu. Niemand muss bei uns still sitzen, schon gleich gar nicht die Kinder.

Mit dem Lobpreis verbindet mich besonders viel. Ich habe

Musik schon immer sehr geliebt und kannte früher alle Hits auswendig. Wenn man mich früher nach einem Titel gefragt hat, konnte ich ihn sofort ansingen. Meine Freunde nannten mich die „wandelnde Jukebox". Ich kann Musik einfach superleicht in meinem Kopf abspeichern. Im Vergleich zu anderen sammle ich keine Fotos, sondern Lieder. Meine Erinnerung läuft fast komplett über das Ohr, über Geräusche und Musik. Das liegt wohl daran, dass ich schon sehr früh so viel mit meinem Vater unterwegs war, wenn er als Country-Musiker seine Gigs hatte. Auch zu Hause hörten meine Eltern – nach ihrer Zeit bei den Zeugen Jehovas – ständig Musik.

An Tagen, an denen mir das Beten schwerfällt und mir kaum ein gesprochenes Wort am Morgen aus dem Mund kommt, wenn sich alles in mir weigert, dann kann ich immer noch singen. Und wenn auch das nicht geht, stelle ich ein Lobpreislied ganz laut ein. Dann ist die Atmosphäre gleich ganz anders. Die Psalmen in der Bibel wurden häufig in Momenten geschrieben, in denen es den Dichtern sehr schlecht ging, in Krisen oder schwierigen Lebenslagen. Sie haben ihr Saiteninstrument genommen und ein Lied gesungen. Egal, was passiert oder wie ich mich fühle, ein Lied geht immer. Ich singe, weil ich mich an Gott freue. Und das tue ich mit jedem Atemzug und mit jeder Note.

Aber wir hören nicht nur Lobpreismusik im Hintergrund. Ich liebe auch die Musik von früher: Hip-Hop, Country und Reggae. Nur kann ich mich mit vielen Liedtexten dieser Stilrichtungen heute überhaupt nicht mehr identifizieren. Viele verherrlichen Drogen und Gewalt. Nein, das ist für mich ein für alle Mal vorbei!

Zu meinem neuen Lebensfundament gehört auch der sonntägliche Besuch des Gottesdienstes in unserer Gemeinde. Der ist so anders, als ich ihn von früher kannte! Er steht jede Woche unter einem anderen Motto, ist lebendig und fröhlich und herzlich. Auch unsere Kinder lieben es, dorthin zu gehen. Es findet immer parallel ein Kindergottesdienst statt, in dem sie basteln und singen. Die biblischen Inhalte erfahren sie dort kindgerecht. Und nochmal: Niemand muss still sitzen. Auch für mich im Nachhinein eine Befreiung. Es ist kein Zufall, dass ich in dieser Gemeinde gelandet bin, in der ich so frei teilnehmen kann. Das ist für mich der ideale Ort.

Als ich Jesus näherkam und eine Herzensbeziehung zu ihm aufbaute, war Veränderung nicht nur möglich, sie kam wie automatisch in Bewegung. Es ist, als würde man eine Freundschaft mit einem anderen Menschen pflegen. Ich kann sogar mit Jesus spazieren gehen. Er ist ja immer da. Seine Liebe ist immer da. Seine Ermutigung habe ich gebraucht, um endlich mein altes Leben mit der Sucht hinter mir zu lassen und ein neues Fundament zu gießen, eines das wirklich stabil ist und hält.

Früher war mein Leben tatsächlich auf Sand gebaut. Millionen Körner aus Angst, Verzweiflung, Drogen, Verwirrung, Leere, Sinnlosigkeit, Perspektivlosigkeit und Selbstlüge. Doch heute baue ich auf Jesus. Nur er ist wirklich beständig. Nur er schenkt Vertrauen und Hoffnung. Bei ihm muss ich keine Angst vor Enttäuschung haben.

Heile Familie

Fast drei Jahre lang war ich von Michael getrennt. Eine wichtige Zeit. Anfangs war sie schwierig. Ich wünschte mir, dass er sich um unsere Kinder kümmern und uns finanziell unterstützen würde. Aber leider war das nicht der Fall. Ich habe ihm viele Vorwürfe und Druck gemacht. Ich selbst war damals von den Sozialleistungen des Jobcenters abhängig. Michael versprach immer wieder, er würde Unterhalt zahlen. Immer wieder glaubte ich ihm auch. Aber immer wieder hielt er mich nur hin. Oft musste ich wochen-, ja monatelang ohne seine Unterstützung durchkommen. Das bedeutete: Viele Tage hintereinander nur Spaghetti und Tomatensoße, Kartoffeln oder Tiefkühlpizza. Für Fleisch oder Fisch reichte das Geld nicht.

Er schien auch kein Interesse daran zu haben, mit den Kindern Zeit zu verbringen. Er traf sie nur sehr unregelmäßig. Mal kam er zwei, drei Tage hintereinander und holte sie ab, dann wieder ließ er sich monatelang gar nicht blicken. Ich versuchte es auch hier mit Druck. „Kümmere dich endlich mal um deine Kinder! Sie vermissen dich! Sie brauchen dich! Du bist so unverantwortlich!“ Aber Vorwürfe halfen erst recht nichts. Da mauerte er noch mehr. Tatsächlich fragten unsere Töchter oft nach ihrem Vater. Aber ich konnte nichts tun.

Ich war zwar von ihm getrennt, ärgerte mich aber weiterhin über ihn. Wenn es mir zu viel wurde, brachte ich meine Wut und meine Enttäuschung vor Gott. Ich war ja nicht mehr allein! Im Gebet wurde mir klar, dass ich einen Mann, der selbst nicht anders konnte, der noch komplett im Sumpf steckte, nicht dazu bewegen konnte, sich zu ändern.

Ich konnte also nur lernen, selbst anders mit der Situation umzugehen. Das ist ja, womit Gott uns hilft. Ich sprach also laut Vergebung für ihn aus. Obwohl ich ihn am liebsten angeschrien hätte. Den Kindern versuchte ich zu erklären, dass ihr Vater es nicht besser konnte. Stattdessen betete ich mit ihnen beim Abendessen: „Lieber Gott, hilf unserem Papa, dass es ihm bald besser geht!" Ich wusste, dass Michael die Hilfe von Jesus dringend brauchte.

Er war nach seinem Auszug aus unserer gemeinsamen Wohnung erst einmal etwas weiter weg gezogen. Doch dann kam er in einer Wohngemeinschaft in unserem Ort unter. Zwar war er jetzt den Kindern örtlich wieder näher und sie konnten ihn häufiger besuchen oder wenigstens auf der Straße kurz sehen. Doch die Wohnung war von Freunden angemietet worden, die allesamt auch Drogen nahmen. Ich kannte sie von früher und ahnte, dass die Wohngemeinschaft nicht lange andauern würde. Keiner von ihnen arbeitete, verdiente Geld oder war auch nur im Ansatz verantwortungsvoll.

Die Kinder allerdings schwärmten immer von dem luxuriösen Haus, in dem Papa jetzt wohnte. „Ein Schloss! Und bei uns ist es so eng!", jammerten sie, wenn sie von ihm nach Hause kamen.

Auch wenn es bei uns eng und klein war und eigentlich nur alte kaputte Möbel dastanden, war ich trotzdem zufrieden mit dem, was wir hatten. Es war unser Zuhause.

Und es kam, wie ich es geahnt hatte: Die WG-Bewohner hatten monatelang keine Miete gezahlt und ihnen wurde fristlos gekündigt. Jetzt stand auch Michael auf der Straße. Es ging ihm richtig schlecht, als er mich anrief und um Hilfe bat. Ich habe ihm sofort klargemacht, dass er auf keinen Fall bei uns einziehen könne. Aber ich war im Gespräch für ihn da, habe ihn ermutigt. Seine Sachen durfte er bei mir im Keller unterstellen. Ich blieb aber bei meinen klaren Grenzen: Er kommt mir nicht ins Haus.

Kurze Zeit später fand er ein kleines Zimmer in einer Pension und begann eine Umschulung vom Kfz-Mechaniker zum Fachlageristen. Ich bekam auch mit, dass er die synthetischen Drogen nicht mehr nahm, sondern nur noch kiffte. Unser Kontakt verbesserte sich dann etwas, einfach weil er zuverlässiger wurde. Wenn ich ihn um Unterstützung bat wegen der Kinder, kam er nun auch tatsächlich. Früher konnte ich mich darauf nicht verlassen. Jetzt passte er manchmal sogar auf die Kinder auf, wenn ich nicht da war. Früher unvorstellbar.

...

Zwischenzeitlich hatte ich Roman wieder getroffen, einen guten Freund von Michael. Roman war voll auf Drogen, als ich ihn eines Abends beim Gassigehen mit unserem Hund auf einer Parkbank sitzend wieder traf. Er ist Kroate und konnte kein Deutsch, als wir ihn kennenlernten. Michaels Familie stammt aus Serbien. So konnten sich die beiden etwas unterhalten und freundeten sich an.

Als Roman mich sah, hellte sich sein Gesicht auf: „He, du bist doch Sara. Kennst du mich noch?" Er erzählte mir, dass sich seine

Frau gerade von ihm getrennt hatte. Deshalb ging es ihm zu der Zeit besonders schlecht. Ich setzte mich zu ihm und wir kamen ins Gespräch. Ich erzählte ihm von meinem Leben. Und natürlich auch von Jesus. Denn der gehörte ja mittlerweile untrennbar zu mir. Roman war beeindruckt. Selbst im Rausch zeigte er Interesse dafür. „Jesus? Wirklich?" Aus dieser Begegnung ist über die Zeit eine richtig gute Freundschaft entstanden. Ich stand ihm in seiner verzweifelten Lage nach der Trennung bei.

Eines Abends aber rief er mich an. Mit einer Waffe im Mund. Er wolle sich verabschieden. Wahrscheinlich war es eher ein Hilferuf. „Gott liebt dich!", sagte ich eindringlich. „Glaub mir bitte: Gott liebt dich!" Ich schaffte es, ihn zu beruhigen. Endlich legte er die Waffe weg und ich konnte ihn wieder normal reden hören. Ich war so erleichtert. Seither sind wir noch engere Freunde. Ein gutes Team.

Später konnte ich ihn sogar dazu überreden, mit mir in den Gottesdienst zu kommen. Er war so beeindruckt und berührt, dass er immer wieder kam, unabhängig von mir. Mit der Zeit hat er seine eigene Beziehung zu Jesus aufgebaut. Und irgendwann hat er sich bewusst für ein Leben mit Jesus entschieden und sich taufen lassen. Obwohl er – wie ich auch – immer noch in manchen Bereichen seines Lebens kämpfen muss, hat er jetzt einen starken Helfer an seiner Seite: Jesus.

Roman war es wichtig – eine Ehrensache für ihn –, dass Michael von unserer Freundschaft wusste. „Das hat ihn gar nicht zu interessieren!", reagierte ich vehement, als ich von seiner Absicht hörte, mit Michael darüber zu sprechen. Schließlich waren wir getrennt. Ich war ihm über mein Leben keine Rechenschaft mehr schuldig. Doch Roman bestand darauf ihm zu erklären, dass wir zwar in dieselbe Gemeinde gingen, aber nichts zwischen uns lief.

Ich konnte mir schon denken, wie Michael reagieren würde … Und so war es auch: Er beschimpfte mich vor Roman als Schlampe. Er war noch immer in seinem inneren Drama gefangen und wollte oder konnte nicht verstehen, was Roman und mich verband. Aber mir war das auch nicht wichtig. Ich musste niemandem etwas beweisen.

Auch Roman hat sich davon nicht beeindrucken lassen. So hat er wenigstens nach seinem Gewissen gehandelt und war transparent. Im Gegenzug hat ihn Michael bei seinen kroatischen Freunden angeschwärzt und schlecht gemacht. Er war voll in der Eifersuchts-Spirale, und Roman war für ihn ab sofort ein rotes Tuch. Das hat mich zwar doch verletzt, aber ich riet Roman: „Geh einfach nicht darauf ein!" Das tat er auch nicht. Stattdessen blieb er mir eng verbunden. Seine Fürsorge ging sogar so weit, dass er mir 200 Euro auf den Küchenschrank legte, bevor er in den Urlaub zu seiner Familie nach Kroatien fuhr. „Für den Notfall!", sagte er, als er mich aus seiner Heimat anrief. Solche Gesten einer wahren Freundschaft kannte ich bis dahin noch gar nicht. Das gab mir unheimlich Kraft und hat uns sehr aneinander geschweißt. Wir waren einfach zum richtigen Zeitpunkt füreinander da. Und sind es noch heute.

Michaels Eifersucht war übrigens ganz unbegründet. Ich habe ihn nie betrogen. Ich war in dieser ganzen Zeit mit keinem anderen Mann zusammen. Die einzige „Beziehung" zu dem „Amerikaner", den ich online kennengelernt hatte, blieb ja komplett virtuell. Im Nachhinein bin ich darüber sehr froh, denn so hat mich Gott wohl eine ziemlich lange Zeit davor bewahrt, weitere unpassende – auch physische – Beziehungen einzugehen und dabei mich und meine Zeit zu verschwenden.

Ich hatte zwar noch andere Flirts, aber irgendwie hat es nie gepasst. Haupt-Ausschlusskriterium: Die Männer, die ich kennenlernte, waren allesamt keine Christen. Ich hatte keine Lust, mir einen Typen ans Bein zu binden, der nicht meinen Weg ging. Ich wollte mich nicht schon wieder jedes Mal rechtfertigen müssen, wenn ich in den Gottesdienst ging oder über den Glauben diskutieren wollte. Ich wollte ihn einfach leben. Basta.

...

Zwischen Michael und mir hatten sich die Fronten seit der Trennung und wegen der ständigen Kämpfe ums Geld und um den Umgang mit den Kindern ziemlich verhärtet. Das alte Spiel, bei dem er im ersten Moment Einsicht zeigte, ich mir Hoffnung machte und es dann nach drei Tagen doch wieder so war wie davor, ohne Veränderung und ohne eingelöste Versprechen, ging mir so sehr auf die Nerven! Ich hatte schlichtweg die Nase voll. Immer das Gleiche. Nein, danke!

Den letzten Strohhalm ließ ich los, als ich zwei Jahre nach unserer Trennung den Verlobungsring, den Michael mir einmal gegeben hatte, in einen See warf. Schon kurz nach der Trennung hatte ich einen Traum, in dem ich genau das tat. Doch lange Zeit trug ich den Ring weiterhin in meinem Geldbeutel mit mir herum. Der Schliff der Ringe war sehr symbolisch: Eine linienförmige Gravur rings um den Ring war an einer Stelle durch einen Strich unterbrochen. Das sah zwar hübsch aus, aber ich nahm es auch als Zeichen. Schluss damit! Hier ist die Grenze, dachte ich. Eine symbolische Befreiungsgeste mit Wirkung: Die Altlasten lagen tief unten im See und ich schaute nach vorne. Erst jetzt, so schien es, war der Knoten wirklich geplatzt und alles war wieder möglich.

In der Gemeinde und von Freunden wurde ich immer wieder auf Michael angesprochen, manchmal sogar ausgefragt. Ich erzählte freimütig, nannte aber nie Michaels Namen. Er war für mich nur „der Vater meiner Kinder". Das sollte meine Distanz zu ihm bekräftigen und ihn auch in gewisser Weise degradieren. Denn mehr war er nicht mehr für mich. Klar, ich habe allen gesagt, ich hätte ihm vergeben. Doch wenn ich ehrlich zu mir war, stimmte das nicht wirklich. Ich habe immer wieder gemerkt, welchen Groll ich noch gegen ihn hegte.

...

Ein Ereignis, das für uns beide prägend werden sollte, war die Taufe unserer Tochter. Ich freute mich sehr darüber, dass sie sich dafür entschieden hatte, und lud auch Michael zu dem Gottesdienst ein. Das war nach zwei Jahren Trennung. Ich hielt weiterhin meine Distanz und bekam zunächst wenig davon mit, wie es ihm an diesem Tag ging. Im Nachhinein hat er mir erzählt, dass diese Taufe der Wendepunkt in seinem Leben war: „Sara, es war so unglaublich: Ich habe damals eine solche Kraft gespürt, als ob mein ganzer Körper von einer Welle der Wärme erfasst würde. Ich war vollkommen irritiert. In dem Moment hat mich der Heilige Geist berührt", erzählte er mir einige Zeit später. Es war im wahrsten Sinne des Wortes *die* Inspiration seines Lebens.

Was ich damals nicht wusste: Michael wandte sich nach diesem besagten Gottesdienst an unseren Pastor. Er führte ab da regelmäßig mit ihm Gespräche. Und plötzlich tauchte er auch noch ständig in unserer Gemeinde auf. Das fand ich allerdings überhaupt nicht lustig. Super, dass du zu Jesus gefunden hast! Das freut mich. Das war einer meiner größten Wünsche. Aber bitte, bitte such dir eine andere Gemeinde!, dachte ich bei mir. Denn ich wollte ihn nicht ständig vor Augen haben. Ich wollte weiterhin meinen eigenen Bereich bewahren. Gott klopfte im Gebet aber an mein Herz: „Was für eine Anmaßung! Welches Recht hast du, Michael einen anderen Ort zuzuweisen als den, den ich für ihn vorgesehen habe?! Das steht dir doch gar nicht zu. Du solltest dir lieber Gedanken über dich selbst und deinen eigenen Weg machen." Okay, okay... du hast ja recht, lieber Gott!

Ich bemühte mich ab sofort, mich nicht mehr an Michaels Anwesenheit zu stören und ihn einfach sein zu lassen. Die Kinder freuten sich sogar und saßen oft bei ihm während des Gottesdienstes. Ich allerdings saß weit entfernt, da wo ich für gewöhnlich meinen Platz hatte. Die räumliche Distanz war mir wichtig. Ich wollte auf keinen Fall, dass er sich an mich klammerte. Michael sollte unabhängig von mir einen Platz in der Gemeinde finden, wenn er das unbedingt wollte, denn wir waren zu dem Zeitpunkt ja kein Paar. Er hat mich auch ganz in Ruhe gelassen und machte sein eigenes Ding. Das war für ihn, wie ich später erfuhr, ein wichtiger Prozess.

Als unser Pastor sah, dass Michael regelmäßig auftauchte und sich gewissenhaft mit dem Glauben und der Bibel beschäftigte, kam er einmal zu mir und gestand mir seine insgeheime Hoffnung: „Vielleicht könnte ja doch noch was aus euch werden. Trefft euch doch mal wieder!" Doch das konnte ich so nicht sehen. Auch wenn Michael mit der Zeit anfing, das Gespräch mit mir zu suchen und wir immer häufiger gemeinsam in die Kirche fuhren. Wir konnten es auch gar nicht vermeiden, uns wieder etwas näherzukommen. Schließlich trafen wir immer wieder bei kirchlichen Festen oder Feiern der Gemeinde, wie zum Beispiel an Weihnachten, unwillkürlich aufeinander.

Ich spürte, dass ich mich mit der Zeit ihm gegenüber wieder etwas öffnete. Hat Gott da etwas vor?, fragte ich mich irgendwann doch. Eigentlich mochte ich Michael ja immer noch. Das habe ich immer getan, sonst hätten wir ja auch nicht gemeinsame Kinder. Und ich wusste, dass wir nur deshalb so viel falsch und kaputtgemacht hatten, weil unser Schmerz und unsere Sucht uns dazu getrieben hatten. Wir hatten uns vom Schmerz leiten lassen, nicht von einer gesunden Liebe. Aber ich blieb vorsichtig und habe mich nicht mit wehenden Fahnen wieder in seine Arme gestürzt.

Als Michaels Abschlussprüfungen zum Fachlageristen anstanden, kam er ganz verzweifelt zu mir. Er sei so sehr mit dem Lernen hinterher. Er fürchtete, deshalb durchzufallen. Ich schlug ihm vor, mit diesem Anliegen in unseren Gebetskreis zu gehen. Als wir gemeinsam für Michael beteten, hatte eines unserer Mitglieder die Vision, dass Michael seine Prüfung mit einer Eins abschließen würde. Und tatsächlich war es so! Zum Feiern habe ich ihn zu uns nach Hause zum Abendessen eingeladen. Die Kinder waren überglücklich und konnten nicht aufhören, auf ihm herumzuklettern. Sie wünschten sich so sehr, dass ihre Eltern wieder zusammenlebten. Von da an kam er öfter zu Besuch.

Eines Tages lud er mich zum Griechen zum Essen ein. Das war ungewöhnlich, aber ich kam gern mit. Mal was anderes. Nach dem Essen allerdings präsentierte er mir ohne Vorwarnung eine kleine Schatulle, ging vor mir auf die Knie und bat mich, ihn zu heiraten. Ich war so perplex, als hätte ich mit einer Bratpfanne eins übergezogen bekommen. Wie kam er denn auf die Idee? Nein, ich wollte nicht. Ich war noch im Selbstschutz-Modus. Michael war sehr enttäuscht und erklärte mir: „Unser Pastor hat mir davon abgeraten, aber ich konnte einfach nicht warten. Ich bin letzthin morgens aufgewacht und habe auf einmal so eine extreme Liebe für dich empfunden. Ich muss dich einfach zurückhaben." Aber ich blieb bei meinem Nein. Vorerst.

Es vergingen einige Wochen, in denen ich intensiv in mich hineinhorchte: Was wünsche ich mir für meine Zukunft? Was war Gottes Wille? Meine Antwort wurde immer klarer. Denn Gott hat mir immer deutlicher gezeigt: Michael ist dein Mann. Endlich hatten wir durch unseren Glauben ein gemeinsames Fundament, das wirklich tragen konnte. Das merkte ich ganz deutlich bei unseren Treffen in der Gemeinde. Ich spürte einen Frieden mit ihm, wie ich ihn vorher nicht gekannt hatte. Eines Abends war der Moment gekommen. Ich ging zu Michael und nahm seinen Antrag nachträglich an: „Ich weiß nicht, was auf uns zukommt. Es wird sicher kein einfacher Weg. Aber mit Jesus' Hilfe schaffen wir das." Michael fiel mir um den Hals. Ich habe ihn nie glücklicher erlebt als an diesem Abend.

Von nun an war Michael wieder jeden Tag bei uns, bei seiner Familie. Anfangs waren wir ja erst einmal verlobt. Ich wollte uns nämlich noch etwas Zeit geben.

Doch dann wurde ich schwanger. So sehr ich mich freute, war das schwierig für mich, weil ich schon an vielen Orten öffentlich von Jesus erzählt hatte. Und nun erwartete ich unverheiratet ein weiteres Kind. Ich vertraute mich unserem Pastor an: „Ich habe voreilig einen Schritt vor dem anderen gemacht. Das war blöd von mir." Doch er verurteilte mich nicht, sondern legte mir einfach nahe, bald zu heiraten. Ich zog mich erst einmal aus meinem öffentlichen Engagement für unsere Kirche zurück.

...

Das Zusammenleben mit Michael war seit unserem Neubeginn viel ruhiger. Früher hatte er mir nie wirklich zugehört. Doch nun war ich ihm ja – zumindest im Glauben – ein paar Schritte voraus. Er konnte von mir lernen und das nahm er auch an. Ich war auch um einiges selbstbewusster geworden. Er spürte sofort, dass ich mich nicht mehr so einfach von jemandem unterbuttern ließ. Unser gegenseitiger Respekt ist enorm gewachsen. Das hilft uns extrem.

Wenn wir früher stritten, bissen wir uns aneinander fest und fanden keinen Ausweg aus unserem Konflikt. Doch nun haben wir ein neues Werkzeug: Jesus. Wir beten gemeinsam, wenn wir nicht weiterwissen, Gott möge unsere Schritte in die richtige Richtung lenken. Wir beten auch gemeinsam für unsere Kinder, was mir besonders viel bedeutet. Das gibt uns allen so eine Power. Wir können es manchmal kaum fassen. Es stimmt: „Wo zwei oder drei in Jesu Namen beisammen sind, da ist er mitten unter ihnen." Und schenkt ihnen seine Kraft.

Natürlich war nicht von einem Tag auf den anderen alles eitel Sonnenschein. Wir haben auch heute nicht immer hundert Prozent Ordnung in unserem Leben. Auf Herausforderungen reagieren wir nicht immer perfekt, wie man das im Idealfall von sich wünscht. Aber unser Umgang ist ein ganz anderer. Wir schaffen es jetzt, selbstkritisch zu sein und uns beim anderen für Fehler zu entschuldigen, oder wenn man mal wieder zu laut wurde und überreagiert hat.

Als Michael wieder bei uns einzog, renovierten wir unsere alte Wohnung, in der ich zwischenzeitlich allein mit den Kindern gewohnt hatte. Es war dort ziemlich eng, aber wir hatten zu der Zeit einfach keine andere Möglichkeit. Wir strichen alle Wände komplett frisch. Eine Wand in der Küche hatte ich kurz nach meiner Bekehrung kreuz und quer mit Bibelstellen beschrieben. Sie sah aus wie in einem Jugendzentrum. Ich brauchte das damals: Gottes Wort immer vor Augen. Doch die Kinder hatten in der Zwischenzeit auch ihre Spuren darauf hinterlassen, sodass dort ein neuer Anstrich dringend nötig war. Es sah einfach zu wild aus.

Außerdem besorgten wir uns andere Möbel, die zwar gebraucht, aber wie neu waren. Bis dato hatten die verkratzen, teilweise kaputten Dinge mir nichts ausgemacht, ich war an sie gewöhnt. Aber nun war eine neue Zeit angebrochen. Und die alten Dinge mussten raus. Ich konnte sie einfach nicht mehr sehen. Was für ein herrliches Gefühl: endlich eine bequeme Schlafcouch! Und dann der schöne ordentliche Esstisch! Endlich kam Ordnung in unser Leben. Wir wollten das Alte peu à peu loslassen. So wie wir unser Zuhause neu gestalteten, gaben wir auch unserem Alltag eine neue Struktur. Wir vollzogen die Veränderung äußerlich und innerlich.

Aber auch das lief nicht immer problemlos. Natürlich! Wir sind ja Menschen. Es gab immer wieder Momente, in denen ich mich fragte, ob es wirklich die richtige Entscheidung war, wieder mit Michael zusammenzuziehen. Und so wird es ihm auch gegangen sein. Wenn es im Alltag Unstimmigkeiten gab und ich an den „alten“ Michael erinnert wurde, bekam ich kurzzeitig immer wieder einmal Zweifel.

Eine große Sorge war auch immer noch nicht ganz aus der Welt geschafft: Michael kiffte noch. Die härteren Drogen hatte er schon lange aufgegeben. Aber Gras noch nicht. Ich wünschte mir, dass er auch damit aufhören würde. Doch ich wusste, dass ich mit Druck nichts bewegen konnte. Der Wunsch und Wille aufzuhören, mussten aus ihm selbst heraus kommen. Ich kannte ihn: Wenn er nur wollte, war er so willensstark, dass er alles durchziehen konnte.

...

Im Sommer 2020 war es endlich so weit: Michael durfte seinen Führerschein neu machen. Er hatte ihn zwölf Jahre zuvor abgeben müssen, weil die Polizei ihn mit Drogen am Steuer erwischt hatte. An dem Tag, als er vom Landratsamt die Erlaubnis dafür bekam, hörte er schlagartig mit dem Kiffen auf. Und innerhalb von sechs Wochen hatte er den neuen Führerschein in den Händen. Er hat seither nie wieder auch nur einen einzigen Joint angerührt. Ich wusste, woran das lag: Einmal war eine unserer Töchter aus dem Bett gefallen und hatte sich den Kopf angeschlagen. Damals hatte er keinen Führerschein und kein Auto. Er konnte sein Kind nicht selbst zum Krankenhaus fahren, sondern war auf fremde Hilfe angewiesen gewesen. Diese Ohnmacht wollte er nie wieder erleben.

Eine Woche nach seiner erfolgreichen Fahrprüfung, im Oktober, kaufte er uns ein gebrauchtes Auto.

Wieder eine Woche später heirateten wir standesamtlich. Eigentlich war die Eheschließung schon für den September geplant gewesen, aber wir mussten einige bürokratische Hürden aufgrund Michaels Herkunft aus dem ehemaligen Jugoslawien nehmen, sodass es ständig zu Verzögerungen kam. Was für ein Kraftakt! Und nun kam auch noch Corona dazu. Jede Woche traten neue Regelungen in Kraft, sodass wir am Schluss nur ganz wenige Gäste einladen durften. Wir waren nur auf den engsten Kreis beschränkt. So gerne hätten wir groß gefeiert! (Aber das holen wir bei unserer kirchlichen Trauung noch nach!) Hochschwanger und mit Mundschutz stand ich endlich neben Michael vor der Standesbeamtin.

Nachdem wir uns das Jawort gegeben hatten, las unsere älteste Tochter die Bibelstelle aus Matthäus 19, 5-6 vor: „Ein Mann verlässt seine Eltern und verbindet sich so eng mit seiner Frau, dass die beiden eins sind mit Leib und Seele. Sie sind also eins und nicht länger zwei voneinander getrennte Menschen. Und was Gott zusammengefügt hat, das soll der Mensch nicht scheiden." Mir kamen die Tränen und ich war überglücklich.

Noch einmal eine Woche später brachte ich unsere vierte Tochter auf die Welt. Lange Zeit waren wir auf die Sozialleistungen vom Jobcenter angewiesen gewesen. Doch auch das hatte nun ein Ende. Sechs Wochen nach der Geburt fing Michael als Bauleiter einen neuen Job bei einer Baufirma an. Wir können nun endlich finanziell auf eigenen Beinen stehen.

Was für ein Marathon der Lebensereignisse! Doch dabei sollte es noch nicht einmal bleiben. Das Leben nahm uns mit auf einer großen schönen Welle.

Michaels neuer Chef war und ist auch Mitglied unserer Gemeinde. An seinem ersten Arbeitstag nahm er Michael mit zu einem Gebäudekomplex, den er gerade mit seiner Firma in einem

Dorf in der Nähe von Augsburg fertigstellte. Die Zylinder an den Türen der fast fertigen Wohnungen sollten ausgetauscht werden, damit die Handwerker ab jetzt nicht mehr unkontrolliert ein und aus gehen konnten.

Als Michael die Häuser betrat, war er ganz hin und weg, wie hell und groß sie waren. „Falls du jemanden kennst, der eine Wohnung sucht, hier sind noch welche frei", sagte sein Chef beiläufig. Michael war perplex: „Wir bräuchten eine Wohnung", sagte er kurzerhand. Sein Chef, dessen Firma die Gebäude dort nicht nur baute, sondern auch besaß, drehte sich zu ihm um und drückte ihm ohne zu zögern einen Schlüssel in die Hand: „Schau dir die Wohnung mit deiner Frau an. Wenn sie euch gefällt, könnt ihr sie haben."

Michael kam strahlend nach Hause. „Ich habe eine Mega-Überraschung!", stürmte er auf mich zu. Ich war eigentlich immer noch auf meinen Heimatort fixiert, meine Komfortzone. Aber vielleicht war es an der Zeit, neue Grenzen zu entdecken. Als wir in der neuen Wohnung standen, die eigentlich ein Reihenhaus mit 270 Quadratmetern Wohnfläche ist, spürte ich sofort: Das ist unser neues Zuhause. Hier will ich wohnen. Das Licht strömte durch die großen und vielen Fenster. Alles roch neu und frisch. Jungfräulich. Unberührt.

Ich hatte schon so lange dafür gebetet, dass Gott uns eine Möglichkeit zeigen würde, wo wir mehr Raum zum Wohnen haben könnten, der für uns bezahlbar war. Doch Michael steckte noch in einer Privatinsolvenz. Auf dem Wohnungsmarkt hätten wir so – und mit vier Kindern und einem Hund – kaum eine Chance gehabt. Schon gar nicht für so ein Haus.

Manchmal denke ich, wir wohnen in einem Palast. Ich kann

unser Glück kaum fassen. Im Wohnzimmer ist die Decke sieben Meter hoch, mit einer Galerie. Auch wenn ich für unsere winzige Wohnung zuvor immer dankbar war, so war sie doch sehr beengt. Nun schnürt uns nichts mehr zu. Wir haben jetzt alle Platz uns zu entfalten. Jedes Kind hat sein eigenes Zimmer. Aber viel Zeit verbringen die Mädchen dort sowieso nicht. Denn meist spielen sie im Garten hinter dem Haus, beobachten Schnecken, spielen Ball oder fahren im Dorf Rad. Vorher hatten wir direkt in der Stadtmitte gewohnt, wo ich die Mädchen nicht einmal unbeaufsichtigt in den Hof gelassen hätte. Die Naturnähe tut allen offensichtlich gut. Auch wenn die älteren der vier manchmal meckern, weil sie ihre alten Freunde vermissen, ist es viel wichtiger, dass sie jetzt Freiheit pur atmen. Wir fühlen uns alle wie schon im Paradies.

...

Als wir meinen Eltern unser neues Zuhause zum ersten Mal zeigten, waren auch sie so begeistert von dem Wohnkomplex und dem Wohnen auf dem Land, dass sie sich kurzerhand entschieden, die Wohnung nebenan mit eigenem Garten zu mieten. Wir hatten ihnen sogar angeboten, bei uns mit einzuziehen, aber sie meinten, sie bräuchten ihren eigenen Raum, was ich gut verstehen kann. Eine Woche später war ihr Vertrag unterschrieben.

Auch mein Bruder Simon, seine damalige langjährige Freundin und deren Tochter fanden unser Dorf so schön, dass sie sich eine Wohnung in der Nähe suchten. Doch leider trennten sich die beiden drei Monate später. Daraufhin zog Simon bei uns ein. Er ist nicht ganz suchtfrei. Früher hat er alles eingeworfen, was er nur in die Hände bekam. Nun macht ihm der Alkohol zu schaffen. Aber er versucht mit einer Therapie sich helfen zu lassen. Wir unterstützen ihn dabei, so gut es geht.

So wohnt nun die ganze Sippe in unmittelbarer Nähe auf dem Land. Und nicht nur sie. Mein guter alter Freund Dave, der auch Trauzeuge meines Mannes war, wohnte schon vor uns in einem der Häuser. Als er hörte, dass wir Nachbarn werden würden, war er ganz aus dem Häuschen. Er sehnte sich schon länger nach mehr Gemeinschaft.

Inzwischen wohnen fünf Familien unserer Gemeinde in unserem Wohnkomplex. Und weitere Mitglieder in benachbarten Dörfern. Aus unserer Kernfamilie ist eine erweiterte Familie, eine Gemeinschaft, eine Lebensgemeinschaft geworden. Man nennt uns zum Spaß schon „die Kommune". Wir treffen uns häufig, grillen, spielen und beten. Mir tut dieser Zusammenhalt sehr gut. Er gibt mir zusätzliche Stabilität.

In dieser kleinen Gemeinschaft haben wir auch einen christlichen Hauskreis, zu dem wir uns regelmäßig treffen. Wir tauschen uns über unseren Glauben aus und beten zusammen. Auch meine Eltern sind bei diesen kleinen Gottesdiensten dann immer dabei. Sie sind zwar gläubige Christen, aber keine festen Mitglieder unserer Gemeinde. Ich kann mir vorstellen, dass sie als „gebrannte Kinder" durch ihre Erfahrung mit den Zeugen Jehovas Berührungsängste haben, sich nicht wieder eng an eine Kirche binden, sondern ihre Unabhängigkeit bewahren wollen. Sie haben mich auf meinem Weg in die Gemeinde aber immer unterstützt und haben mich am Anfang, als ich noch ohne Auto war, immer zu den Gottesdiensten gefahren.

Der geografische Schnitt zu unserem alten Leben ist übrigens auch nicht zu unterschätzen. Wir werden nicht ständig an unser altes Leben erinnert. Trigger von früher rücken in die Ferne.

...

Wir haben es geschafft: Wir haben ein schönes, warmes Zuhause, in dem wir unseren Kindern Geborgenheit schenken können. Im Vergleich zu früher, als wir immer nur für die nächste Mahlzeit eingekauft haben, sorgen wir jetzt vor und haben einen immer gut gefüllten Kühlschrank. Wir haben einen strukturierten Wochenablauf und irren nicht mehr durch die Tage wie früher. Wir finden Ruhe und Stärkung in Gebet und Glauben. Wir teilen, was wir haben und laden Gäste zum Essen ein. (Früher kamen nur entweder Dealer oder Kunden.) Wir haben einen Ruhepol, an dem wir wirklich zur Ruhe kommen können.

Sicherheit, Beständigkeit, finanzielle Unabhängigkeit, Selbstständigkeit. Familie, Zuhause, Gemeinschaft. – Es erscheint mir immer noch alles wie ein Wunder, wenn ich auf die letzten Jahre zurückblicke und sehe, wie sich mein Leben so radikal verändert hat. Es ist, wie die Frau bei meiner Taufe vorausgesagt hatte: Phönix aus der Asche! Dazu braucht es einen Sprung ins kalte Wasser – mit Vertrauen, Mut und einer klaren Entscheidung.

Ich habe durch den Glauben an Jesus Christus Heilung erfahren. Ich bin unendlich dankbar dafür, dass ich heute in einer heilen Familie leben darf. „Heile Familie" bedeutet für mich nicht, dass alles perfekt ist, sondern dass die Familienmitglieder sich gesunde Liebe geben – nicht eine, die den anderen zerstört, sondern eine, die den anderen aufbaut und trägt. „Heile Familie" bedeutet nicht, dass den Familienmitgliedern immer alles gelingt, sondern dass sie respektvoll miteinander umgehen, dass sie sich vergeben, wenn einer dem anderen eine Wunde zugefügt hat. Eine Familie ist heil, wenn sie sich Gottes Liebe anvertraut hat. Mein größter Wunsch ist es, in alldem meinen Kindern als gutes Vorbild voranzugehen.

Mein Kompass

Die Bibel ist mein Kompass. Ich weiß jetzt, wohin ich gehe und wo ich mich befinde. Endlich habe ich ein Leuchtfeuer, das mir den Weg zeigt. Nie wieder werde ich so im Dunklen tappen müssen wie früher, so verloren sein. Die Bibel hat mich aus der Hölle der Sucht, des Wahns und des Nichts herausgeführt. Die Bibel hat mir alles gegeben, was ich brauche, um zu heilen und mich Tag für Tag weiterzuentwickeln. Das macht mich unglaublich glücklich. *Das* ist das wahre High. Da kann keine Droge dieser Welt mithalten. Die Bibel macht high, aber nicht abhängig. Sie macht high und frei.

Als ich anfing, in der alten Bibel meiner Großeltern zu lesen, war ich vom ersten Moment an gefesselt. Ich wollte sofort mehr davon. Mehr wissen. Jesus besser kennenlernen. Aber ich wollte den Anfang nicht verpassen, wie alles begann. Ich fing also an, die Bibel systematisch von Anfang an zu lesen. Vers für Vers. Manche Stellen im Alten Testament waren für mich eine ganz schöne Herausforderung, vor allem da, wo sehr viele Namen und Orte genannt werden. Ich kam oft durcheinander. Durch manche Stellen musste ich mich regelrecht zwingen und quälen. Sie waren einfach zu trocken und ich konnte nichts daraus mitnehmen. Aber ich las dennoch tapfer jeden Tag ein Stück weiter. Irgendwie wusste ich, dass ich das ganze Bild brauchte, dass ich auch die Geschichten kennen musste, die zu Jesus führten – auch wenn ich nicht alles auf Anhieb verstand. Ich bin drangeblieben.

Heute, nachdem ich das Alte Testament schon mehrfach gelesen habe, ist mir klar, wie wichtig es tatsächlich ist. Was wären wir ohne die Kenntnis der Zehn Gebote?! Gott ist mit ihnen auf uns zugekommen, ist mit uns in Kontakt getreten. Und gerade im Alten Testament zeigt sich, dass Gott Personen herausgesucht hat, die gebrochen waren, die sich schuldig gemacht hatten – Sünder aller Art –, um seine Größe und seine Liebe uns Menschen zu zeigen. Seine Herrlichkeit wird so noch sichtbarer. Ich zähle mich zu diesen weniger perfekten Kandidaten auf dieser Welt. Und auch ich wurde errettet.

Als ich auf die Idee kam, mir eine Bibel-App auf mein Handy herunterzuladen, ging es auf einmal viel besser. Ich ließ mir ab da manche schwierigen Stellen einfach von der App vorlesen. Ich stellte fest, dass ich mich so viel besser auf den Inhalt konzentrieren konnte.

Als ich schließlich beim Neuen Testament angekommen war, las ich noch lieber in der Bibel. Je weiter ich las, umso schöner und wunderbarer wurde es. Endlich lernte ich Jesus ganz nah kennen. Es faszinierte mich, wie er mit den Menschen umging, mit wie viel Liebe er auf sie zuging. Er ging immer zu den „gebrochenen" Menschen, zu denen, die ihn am meisten brauchten. Ich war ja auch so ein „zerbrochener" Mensch. Deshalb konnte ich mich mit vielen Geschichten so gut identifizieren.

Je mehr ich gelesen und verstanden hatte, desto klarer wurde mir, dass ich auch andere nicht verurteilen darf. Früher habe ich zum Beispiel die „Bettelmafia“, wie wir sie nannten, verächtlich angesehen, also die Menschen, die auf der Straße saßen und um Almosen gebeten haben.

Doch nun verstand ich: Wer bin ich schon, der über andere so urteilen darf?! Was weiß ich schon?! Ich bin dann stattdessen zu diesen Bettlern gegangen und habe ihnen Tee gebracht. Egal, ob sie mich betrügen wollen oder nicht. Sie müssen sich ja vor Gott rechtfertigen. Das ist nicht meine Verantwortung. Ich bin nicht diejenige, die das Recht hat, andere schuldig zu sprechen oder gar zu bestrafen.

Ich lernte also, demütiger zu sein und von meinem hohen Ross herabzusteigen. Ich war doch selbst „auf der Straße“. Auch das lernte ich von Jesus aus der Bibel. Je mehr ich las, umso selbstbewusster und fröhlicher ging ich durch mein Leben. Stück für Stück begann nun alles einen Sinn zu ergeben. Ich wusste nun endlich, nein ich spürte nun endlich, dass ich geliebt bin, egal was ich tue oder nicht, ob ich Fehler mache oder schwach bin. Ich muss nicht schön sein und auch nichts besonders gut können. Ich bin einfach geliebt und mir wird vergeben, wenn ich „Böses“ tue.

In der Bibel, im Evangelium fand ich einen neuen Halt, der dem Leben zugewandt ist. Die Drogen und mein Schönheitswahn waren ein Pseudo-Halt in einer Negativ-Spirale. Das war nun vorbei.

In meiner Bibel klebten nun mit der Zeit unzählige bunte Post-its. Sie war markiert und vollgekritzelt mit meinen Bemerkungen; mit dem, woran ich mich erinnern wollte, was mir wichtig war, wo ich noch Fragen hatte. Die Bibel wurde mir zum Werkzeug. Mit ihr arbeitete ich an meinem Leben. Sie ist ein wunderbarer

Leitfaden für alle möglichen Situationen. Aber eigentlich braucht man ja gar nicht mehr als diesen einen Satz: „Liebe deinen Nächsten wie dich selbst" (Gal 5,14).

Dass ich die Bibel als mein „Nonplusultra" ansehe, heißt natürlich nicht, dass ich jetzt alles richtig mache, dass ich ohne Fehler handle. Ich bin ja immer noch ein ganz normaler Mensch mit Schwächen. Aber ich versuche, mich nun nicht immer von spontanen Emotionen leiten zu lassen. Bevor ich den nächsten Schritt gehe, atme ich bewusst durch und frage mich: „Wie hätte Jesus reagiert?" Ich überlege, welche Stelle in der Bibel mir darauf eine Antwort geben könnte. So komme ich runter und werde ruhig, falls ich unter Druck bin.

Es hilft mir auch, wenn ich mich auf das Gute besinne. Gerade in Situationen, in denen ich mich überfordert fühle. Kurz innezuhalten und mich darauf zu besinnen, wie Jesus in dieser Situation gehandelt hätte, gibt mir die Chance, mich wieder auszurichten, auf das, was wirklich zählt. Wenn ich einen Fehler gemacht habe und bete, mir bewusst mache, was war, welche Rolle ich gespielt habe, wenn ich selbstkritisch bin, kann ich besser umkehren und womöglich eine Eskalation vermeiden. Bei alldem hilft mir Jesu Beispiel aus der Bibel.

...

Noch intensiver tauchte ich in die Bibel ein, als ich in unserer Gemeinde kurz nach meiner Taufe zehn Monate lang die Bibelschule besuchte. Ich lernte die Bibel aus ganz anderen Blickwinkeln kennen. Mein Zugang zu den Texten veränderte und intensivierte sich.

Immer wieder hatte ich diese Aha-Momente: Jesus wurde nach seiner Geburt in eine Futterkrippe gelegt. Der König aller Könige hat sich kein Fünf-Sterne-Hotel geleistet. Luxus war ihm nicht wichtig. Im Gegenteil: Er hat sich kleingemacht und sich auf Augenhöhe mit den Menschen gebracht. Vor der Bibelschule hatte ich solche Szenen einfach gelesen, ohne ihre tiefere Bedeutung zu erkennen. Jetzt bekam ich eine vollkommen neue Perspektive auf das Ganze. Krass!, dachte ich mir immer wieder.

In diesem Kurs, zu dem ich einmal wöchentlich ging, lernte ich allerdings nicht nur etwas über die Bibel und ihre Inhalte, sondern auch über mich selbst. Wer bin ich wirklich? Was ist meine Identität in Christus? Welche Rolle habe ich als Frau in meinen Beziehungen? Wie bin ich als Mutter? Wer bin ich in Gottes Augen? Welche Verheißungen warten auf mich, wenn ich Jesus nachfolge? Die Bibel ist mir eine große Hilfe dabei, Antworten auf diese Fragen zu finden.

Bei diesem intensiven Studium der Bibel bin ich kontinuierlich im Glauben gewachsen. Mir wurde auch immer noch deutlicher, dass ich das, was ich lese, in meinem Alltag umsetzen möchte. Dabei halfen mir die Tutoren des Kurses, die schon länger Christen waren. Durch ihr Beispiel, durch ihre Erfahrung, die sie uns bei unseren Treffen vermittelten, bekam ich noch mehr Kraft. Ich lernte den Glauben nicht nur anzunehmen, sondern ihm mithilfe der Bibel intensiv nachzugehen, sich nach ihm aktiv auszustrecken.

Am Ende der Bibelschule hat sich das Tutoren-Team zusammengesetzt und gemeinsam über jeden Einzelnen von uns gebetet. Welche spezielle Gabe könnte unsere Stärke sein? Wo könnte unser Platz in der Gemeinde sein? Wie könnten wir uns wohl am besten einbringen? Ich war nicht überrascht, als man mir sagte, im Gebet sei meine Gabe der Prophetie zum Vorschein gekommen. Natürlich bin ich keine Hellseherin. Das ist nicht damit gemeint. Aber ich hatte schon immer eine sehr feinfühlige Art, ahnte, was passieren würde. Das passte also, wie ich fand, sehr gut zu mir.

Durch prophetische Eindrücke spricht Gott unter anderem mit uns Menschen. Als ich ganz frisch im Glauben war, hatte Dave eine Gebetspartnerin in Kiel, mit der er einmal in der Woche gemeinsam am Telefon betete. Eines Tages hatte Dave den Wunsch, mit ihr für mich zu beten. Diese Bekannte wusste nichts von mir. Aber sie hatte während des Gebetes die prophetische Eingabe eines mega chaotischen Kleiderschranks. Sie sah, wie Gott dabei jedes Teil mit mir gemeinsam aus dem Schrank herausnahm, es sorgsam zusammenlegte und es danach wieder einordnete. Jede Schublade wurde bis ins Hinterste ausgeleert und wieder neu eingeräumt.

Als Dave mir von diesem Bild erzählte, blieb ich sprachlos sitzen: Woher wusste diese Frau, dass mein Schrank so aussah? Nämlich total chaotisch. Meine Mutter hatte immer schon gesagt, mein Schrank zeige, wie es in mir aussehe. Heute ist mein Schrank übrigens überwiegend sortiert. ;-)

Im Laufe der Bibelschule habe ich gelernt, anders zu beten. Früher habe ich immer um etwas gebeten: „Lieber Gott, gib uns dies!", „Lieber Gott, gib uns das!", „Lieber Gott, beschütze meine Kinder!" und so weiter.

Heute bete ich anders. Ich weiß jetzt, dass ich bestimmte Dinge bereits in Anspruch nehmen darf. Denn sie sind ja schon da, verheißen durch das Evangelium: „Vater, ich danke dir, dass du meine Kinder segnest!", „Herr, ich danke dir, dass du uns Gesundheit schenkst!", „Ich danke dir, dass du die Herzen meiner Eltern für dich geöffnet hast!" Alles liegt bereit. Wir müssen es nur in seine Existenz sprechen. Gebete sind für mich heute Affirmationen des Guten. Nicht nur meine innere Haltung hat sich dadurch geändert. Auch beobachte ich, wie Gebete viel häufiger und schneller als erwartet in Erfüllung gehen, wahr werden. Meine Gebete, die ich in dieser Art bete, werden erhört.

...

Die Bibel begleitet mich heute durch meinen Tag. Morgens lese ich als Erstes den Vers des Tages auf meiner Bibel-App. Dann bete ich etwa zehn Minuten lang für die Menschen, die ich auf meiner Gebetsliste vermerkt habe, und die besondere Aufmerksamkeit brauchen, weil es ihnen nicht gut geht. Während des Tages höre ich zur Inspiration immer wieder Predigten an, wenn es zeitlich passt. Oder ich lasse mir von der App willkürlich etwas vorspielen und schaue, was mir Gott gerade sagen will. Und am Abend schlafe ich oft mit Bibelstellen, die ich von der App vorlesen lasse, ein.

Auch mit meinen Kindern verbringe ich Zeit mit der Bibel, allerdings spielerisch. Wir machen häufig die sogenannte Adlersuche, bei der wir spontan die Bibelseiten durchblättern und da anhalten, wo wir fühlen, dass es passen könnte. Diese Stelle lesen wir dann gemeinsam. Oft lese ich meinen Töchtern auch zum Schlafengehen aus der Bibel vor. Ich ermutige sie, in der Bibel zu lesen, aber ich übe keinerlei Zwang auf sie aus. Ich weiß genau, dass das nach hinten losginge. Unsere Älteste trägt ihre eigene Bibel übrigens auch schon ganz stolz unter dem Arm, wenn wir in den Gottesdienst gehen.

Ich habe mehrere Lieblingsstellen in der Bibel, die mir besonders wichtig sind:

Jesaja 40,31: „Aber die auf den Herrn harren, kriegen neue Kraft, dass sie auffahren mit Flügeln wie Adler, dass sie laufen und nicht matt werden, dass sie wandeln und nicht müde werden."
Auch ich war schon erschöpft von meinem noch kurzen Leben, mit all den Drogen und der Aussichtslosigkeit. Ich war so kraftlos und wollte eigentlich keinen Schritt mehr gehen. Die Depression hatte mich fest im Griff. Als ich Gott kennenlernte, bekam ich fast mit einem Schlag neue Kraft. Es war tatsächlich, als wären mir starke Flügel gewachsen. Ich hob ab und fühlte mich endlich leicht. Ich hatte immer die Power abzuheben, nichts drückte mich auf den Boden, in den Sumpf, in den Dreck meiner drogenverseuchten Vergangenheit.

Aber ich lernte, meine Vergangenheit anzunehmen. Auch sie gehört zu mir. Ohne sie wäre ich nicht die, die ich heute bin. Also übe ich mich in Dankbarkeit für alles, was mir geschehen ist. Und immer, wenn ich mal wieder einen Tag habe, an dem ich weniger Lust zu fliegen habe, bete ich dafür, wenigstens die nötigen Schritte zu gehen, auf festem Untergrund.

Josua 1,9: „Habe ich dir nicht geboten: Sei getrost und unverzagt? Lass dir nicht grauen und entsetze dich nicht, denn der Herr, dein Gott, ist mit dir in allem, was du tun wirst."
Man kann nicht immer alles im Voraus wissen und abwägen. So ging es mir auch bei meinem ersten Interview, das ich vor ein paar Jahren einem Journalisten fürs Fernsehen gab. Ich hatte null Selbstbewusstsein, ich wollte mich eher verstecken, damit

mich ja niemand findet und anspricht. Ich konnte mich damals nicht einmal bei jemandem vorstellen, ohne unsicher die Augen auf den Boden zu heften. Und nun sollte ich Antworten geben? Im Mittelpunkt stehen? Wie sollte ich das schaffen? Ich wusste aber auch tief in mir, dass ich mich überwinden musste, damit ich weiterkomme. Ich sagte mir: Du hast ja nichts zu verlieren. Jesus ist bei dir!

Obwohl ich immer noch Angst hatte und ich mich immer noch schlecht fühlte, sprang ich ins kalte Wasser. Ich erzählte zum ersten Mal außerhalb der Gemeinde, was Jesus in meinem Leben bewirkt hatte. Mein Herz schlug mir bis zum Hals. Aber ich gab mein Bestes. Ich war da. Ich gab die Antworten. Ich zeigte allen, dass auch zerbrochene Menschen eine Chance haben, dass in ihnen Fähigkeiten schlummern, die sie selbst vielleicht noch nicht erahnt haben. Jesus hat niemandem versprochen, dass es keine Stürme gibt. Aber er hat zugesagt, dass er an unserer Seite sein wird, wenn es stürmisch wird.

Matthäus 11,28: „Kommt her zu mir, alle, die ihr mühselig und beladen seid, ich will euch erquicken."
Ich habe immer wieder ein sehr schlechtes Gewissen, wenn ich daran denke, was für eine schlechte Mutter ich meinen Kindern war, als ich noch drogenabhängig war. Ich habe sie vernachlässigt. Ich bin sicher, sie haben sehr darunter gelitten, dass ihre Mama nicht so für sie da war – sein konnte –, wie sie es gebraucht hätten. Wenn diese Gedanken kommen, sage ich sie Jesus. Denn bei ihm darf ich meine Last abladen, einfach alles: negative Gedanken, Krankheit, Verletzung und all das, was wir nicht vergeben können – auch uns selbst nicht. Jesus trägt alles Schwere mit uns

und gibt uns stattdessen etwas Neues, Freudiges mit. Immer wenn ich mir wieder Vorwürfe mache, dass ich nicht die perfekte Mutter für meine Kinder war, bete ich und bin dankbar, dass ich heute eine viel bessere Mutter sein kann – dank Jesus.

1. Korinther 16,13: „Wachet, steht im Glauben, seid mutig und seid stark."

Es klingt immer so schön, dass wir Hilfe bekommen, dass wir behütet sind, dass alles gut ist und wird. Aber wie viele Male im Alltag bin ich mit Situationen konfrontiert, in denen ich mich von einem Moment auf den anderen doch hilflos fühle, in denen ich für kurze Zeit vergesse, dass ich ja gehalten bin, dass ich eigentlich keine Angst haben muss! Aus dem Nichts werde ich immer wieder von Gefühlen überrollt, die ich glaubte im Griff zu haben: Wut, Reue, Ärger, Eifersucht, Neid, Überheblichkeit …

Es kann mich ganz schnell überkommen und ich verliere sogar das Vertrauen und den Glauben, in dem ich doch fest zu stehen glaube. Das sind die Anfeindungen des Dunklen, des Verteufelten. Weltliche Dinge haben auch die Macht, einen zu zerstören, mit all dem Druck, der oft auf einem lastet. In solchen Momenten muss ich aufpassen. Ich muss mich kontrollieren. Ich muss mich dann so schnell wie möglich wieder auf Gott ausrichten.

Ich muss mir dann bewusst machen: Tue ich überhaupt das, wohinter ich stehe? Läuft es so, wie ich möchte? Bin ich überzeugt von dem, was ich sage? Bin ich auf dem Weg mit Gott – oder nur auf die Menschen um mich herum konzentriert?

Es gibt Tage und Wochen, wenn die Kinder krank sind, wenn Michael keine gute Phase hat, wenn Geldsorgen drohen, wenn einfach nichts klappt, wenn ich mich zu Hause wie eingesperrt fühle, dann muss ich aufpassen. Ich muss für mich sorgen und meinen Glauben wieder füttern und wieder auf das fokussieren, was wirklich trägt. Ich frage mich: Was steht an erster Stelle? Natürlich Jesus. Und mit ihm geht es wieder besser weiter.

...

Die Bibel ist mir heute so wichtig wie Essen und Trinken. Ich weiß es klingt abgedroschen, aber es stimmt: Die Bibel, das Wort Gottes, ist für mich geistliche Nahrung. Lasse ich einmal einen Tag aus, lese ich einen Tag lang nicht in der Bibel, fühle ich mich schwach, denn mir fehlt mein Schutzschild. In der Offenbarung des Johannes steht: „Wer durstig ist, den werde ich umsonst aus der Quelle trinken lassen, aus der das Wasser des Lebens strömt" (Offb 21,6 EU). Ich war schon halb verdurstet, als ich endlich die Bibel fand.

Unsere Kinder im Himmel

Michael hatte sich freigenommen. Es war der 20. Oktober 2022. Heute vor einem Jahr hatte ich ein totes Kind gebären müssen, unseren über alles geliebten Dominik. Wir gingen an sein Grab in Augsburg, legten Blumen nieder und beteten für ihn. Selbst mit Gottes Hilfe war das kein einfacher Weg.

Auf dem Weg zum Friedhof erinnerten wir uns: „Weißt du noch, wie überrascht wir waren, dass ich so schnell schon wieder schwanger wurde? Wir hatten uns ja noch ein Kind gewünscht. Aber so schnell … Das hatten wir nicht erwartet“, fing ich an, als wir im Auto fuhren. Unsere vierte Tochter war gerade ein Jahr alt, als ich erneut schwanger wurde.

„Ja, aber wir haben uns so sehr gefreut, dass Gott uns mit einem weiteren Kind segnete. Ich war so happy.“ Michael schaute mich kurz von der Seite an und lächelte.

„Ich fühlte mich auch echt gut am Anfang der Schwangerschaft. Aber ganz ehrlich, es war schon seltsam, dass mir überhaupt nicht übel war. Das kannte ich so nicht von den anderen Schwangerschaften, bei denen ich mich vom ersten bis zum letzten Tag übergeben musste.“

„Ja, ich erinnere mich. Ich habe mich noch für dich gefreut, dass du das nicht schon wieder durchmachen musst.“

„Es war aber dennoch ziemlich anstrengend, weil es in dem Sommer so heiß war und unsere Kleinste mich ja auch noch sehr brauchte."

Bei meinem Vorsorgetermin beim Frauenarzt in der elften Woche der Schwangerschaft strahlte der mich an: „Alles bestens!" Ich ging total glücklich nach Hause.

„Endlich konnten wir unserer Familie und Freunden davon erzählen. Und wie haben die sich alle mit uns gefreut!"

Doch nur vier Wochen später war alles anders: Bei der nächsten Untersuchung bestand ich auf einen vierten Ultraschall, obwohl von der Krankenkasse nur drei bezahlt werden und ich jeden weiteren also selbst bezahlen musste.

„Egal, ich wollte mir einfach sicher sein. Irgendetwas in mir drängte darauf."

Die Sprechstundenhilfe in der Praxis legte mir den Fetal Doppler um den Bauch, der den Herzschlag des Fötus hörbar machen sollte.

„Ich weiß noch, wie sie mich ratlos ansah und sagte, dass sie nichts höre. Das sei aber gar nicht schlimm, ich bekäme ja eh gleich noch einen Ultraschall."

Michael legte mir während des Fahrens kurz seine rechte Hand auf den Oberschenkel, weil er spürte, wie mir das Sprechen schon schwererfiel.

„Als der Arzt mit dem Ultraschallgerät über meinen Bauch strich und ich auf den Monitor sah, wurde es auf einmal ganz still. Es *war* ganz still. Ich sah, wie der Fötus, unser Kind, leblos in der Gebärmutter hing. Keine Bewegung, nichts. Ach, Michael, es war so schrecklich!"

„Ich weiß."

„Es war verrückt: Obwohl ich in dem Moment so unendlich traurig war und anfing zu weinen, hatte ich doch die Kraft, den Arzt anzuschauen und ihm von Jesus zu erzählen. Ich sagte ihm: ‚Mein Kind ist jetzt in der Ewigkeit und wartet dort auf uns.' Das fand der Arzt sicher seltsam. Ja, er hatte wohl erwartet, dass ich komplett zusammenbreche. Aber nicht, dass ich ihm von meinem festen Glauben an Jesus erzähle. Er wollte dann ja auch nicht das Geld für die Ultraschall-Untersuchung annehmen. Er war selbst so fassungslos."

„Und dann musstest du ja noch am selben Tag in die Klinik nach Augsburg. Weißt du, wie schlimm das war, dass ich nicht mit dir reingehen durfte wegen Corona? Ich bin fast durchgedreht."

„Das kann ich mir denken. Ich hätte dich auch sehr gebraucht. Wenigstens konntest du mich hinfahren. Die ganze Fahrt über hoffte und betete ich, dass sie eine Ausschabung machen würden. Ich wollte einfach eine Vollnarkose, damit ich nichts davon mitbekäme. Das konnte der Arzt im Voraus aber nicht zusichern. Es hängt ja immer von der Größe des Fötus ab, ob er bereits zu groß ist und eine Stillgeburt eingeleitet werden muss. Bis zu einer bestimmten Größe darf die Mutter das selbst entscheiden."

„Und dann mussten sie dir doch Wehenmittel geben …"

„Mit 16 Wochen war er schon zu groß. Ich hatte solche Angst! Was würde mich erwarten? Ich war in einem Einzelzimmer, vollkommen allein. Ich fühlte mich total verlassen. Und die Krankenschwester, die mir das Mittel gab, meinte noch, dass es Tage dauern könne, bis es so weit sei … Ein Albtraum!"

„Ich wäre dir so gerne beigestanden!"

„Ich weiß das! Aber die Kinder brauchten dich ja auch."

Wir fuhren eine ganze Weile schweigend weiter, jeder in seine

Gedanken vertieft. Die Erinnerungen waren jetzt doch so heftig, dass wir kurz eine Pause brauchten. Und wir beide wussten, dass jetzt der schwierigste Teil kommen würde:

„Als ich die Tabletten genommen hatte, wurde ich so unruhig und bekam wahnsinnige Bauchschmerzen. Als die Krankenschwester die Blutlache in meinem Bett sah, war ihr sofort klar, dass es schon losging und ich schnellstens in den Kreißsaal musste. Sie meinte, sie würde jetzt alles vorbereiten und käme in zehn Minuten wieder. Die Notfallklingel hängte sie direkt ans Bett.

Kaum war sie aus dem Zimmer, schwappte schon wieder eine riesige Blutwelle aus mir heraus. Mein Kreislauf schien zu kollabieren. Ich wurde schlagartig ganz schwach und alles drehte sich um mich. Mir war kotzübel. Ich fand diese verdammte Klingel nicht und schrie stattdessen so laut ich konnte um Hilfe. Irgendwann stürmte eine Ärztin in mein Zimmer. Ich hörte sie sagen, dass es ernst sei, dass es auch um mein Leben ginge und ich sofort in den OP müsse. ‚Sofort!', hörte ich sie ständig schreien. Ab da weiß ich nichts mehr. Ich glitt hinüber in das Nichts der Vollnarkose."

„Mir sagte die Ärztin am nächsten Tag, als ich dich doch für eine Stunde besuchen durfte, dass sie noch versucht hatte, den Muttermund mit der Hand zu öffnen. Aber es war ihr wohl nicht gelungen. Sie haben den Kleinen dann innerhalb von Minuten noch in der Fruchtblase herausgeholt." Michael stockte. Ihm kamen die Tränen. „Ich bin so unendlich froh, dass dir nichts passiert ist. Die Ärztin meinte, es sei auch für dich lebensgefährlich gewesen, weil du so viel Blut verloren hattest."

„Deshalb wollte die Ärztin mir auch unbedingt eine Bluttransfusion geben. Aber ich weigerte mich. Nicht aus Glaubensgründen, sondern weil ich mich einfach vor so etwas ekele. ‚Auf eigene Verantwortung', meinte sie nur. Noch im Aufwachraum kam eine Hebamme zu mir und fragte mich, ob ich das Kind sehen wolle. Ich war dafür aber viel zu benommen. Ich hätte in dem Moment nicht die Kraft dazu gehabt. Später kam sie noch einmal vorbei und brachte mir Fotos. Sie legte sie umgedreht in die Schublade meines Rolltischs neben dem Bett, sodass ich die Wahl hatte. Wenn ich sie anschauen wollte, konnte ich das jederzeit tun. Es aber auch sein lassen. Ich hatte mich noch nicht entschieden. Aber eines wollte ich wissen: das Geschlecht."

„Ich hatte schon bei der Fahrt ins Krankenhaus den Namen Dominik vorgeschlagen, für den Fall, dass es ein Junge ist."

„Ja, Dominik."

Schweigen.

„Ich habe es dir schon so oft erzählt: Ich hatte zwar Angst vor den Fotos, vor dem Anblick meines toten Kindes, aber es ließ mich einfach nicht los. Noch in derselben Nacht öffnete ich zögerlich die Schublade. Ich nahm die Fotos langsam heraus, drückte sie erst einmal an meine Brust und weinte. Als ich mich wieder etwas beruhigt hatte, drehte ich sie um und sah Gottes Schöpfung in all seiner Perfektion. Dominik war voll ausgebildet, hatte alle Gliedmaßen, Härchen, Nase, Mund, einfach alles. Aber eben alles sehr klein. Er sah wunderschön aus. So friedlich, in eine Decke gehüllt. Als schliefe er."

Schweigen.

„Bereust du es, dass wir der Obduktion nicht zugestimmt haben? Die im Krankenhaus haben uns ja fast dazu gedrängt."

„Nein, überhaupt nicht. Wichtig ist nur, dass ich weiß, dass unser Dominik jetzt bei Gott ist."

Mittlerweile waren wir am Friedhof angekommen. Erst wollte ich gar nicht aussteigen. Ich fühlte mich etwas schwach. Aber dann fasste ich mir ein Herz. Hand in Hand gingen wir den Kiesweg entlang. Bis zum Sammelgrab des Krankenhauses für die Embryos und Föten der Fehl- und Stillgeburten. Wir hatten uns überlegt, eine Einzelbestattung zu machen, haben uns dann aber umentschieden. Er ist bei den anderen, die am selben Tag beerdigt wurden und mit ihm im kleinen weißen Sarg liegen, gut aufgehoben. Wir haben uns auch immer wieder gesagt: Es ist ja nur die Hülle. Die Seele ist bei Gott.

Schon aus der Ferne konnten wir den großen gläsernen Regenbogen über dem Grab sehen. Als wir vor dem Grab ankamen, schossen uns beiden die Tränen in die Augen.

„Weißt du noch, wie schön die Seelsorgerin aus der Klinik und die Pastoralreferentin die Feier gestaltet haben? Und wie schön das Mädchen die Querflöte gespielt hat." Michael nahm mich in den Arm.

„Eigentlich habe ich nicht viel davon mitbekommen. Mein Blick war gefesselt von dem Sarg, wie er in die Erde gelassen wurde." Ich sackte etwas zusammen.

Blütenblätter, Erde, Weihwasser – es war für jeden der Eltern etwas da, womit sie ihr Kind verabschieden konnten. Obwohl wir alle dasselbe durchmachten, redeten wir nicht miteinander. Jeder war mit seinem eigenen Schmerz beschäftigt.

„Lass uns gemeinsam beten, Sara!"

In der Zeit nach Dominiks Totgeburt waren wir sehr dankbar für die Unterstützung durch unsere Gemeinde. Ich fand immer wieder Trost in unserem Hauskreis, wo für uns und Dominik gebetet wurde. Wir fühlten uns extrem getragen.

Ich kann es nicht ändern. Es ist, wie es ist. Auch diese Erfahrung gehört zu meiner Entwicklung, zu meinem Wachstum dazu, auch wenn es schmerzlich ist. Aber ich habe doch immer wieder die Möglichkeit der Entscheidung: Wie gehe ich mit dem um, was mir passiert? Lasse ich alles um mich herum, wofür ich verantwortlich bin, schleifen? Nehme ich Drogen, um mich zu betäuben? Oder stehe ich wieder auf und gehe mutig weiter?

Drei Monate nach der Stillgeburt verspürte ich plötzlich so einen extremen Drang nach einem Joint. Auch wenn ich mir einredete, dass die Trauer nicht so schlimm sei, hatte ich meine Erfahrung doch noch nicht verarbeitet. Ich fühlte mich schwach und deprimiert. Es war, als hörte ich den Satan sagen: „Komm, kiff doch einfach! Dann geht es dir sicher besser."

Zwei, drei Wochen lang war es ein ständiger innerer Kampf, der Verführung nicht nachzugeben. Wo ich hinsah oder hinhörte: Gras, Gras, Gras. Ich konnte nicht einmal mehr beten. In unserem Hauskreis gab ich offen zu, dass ich in großer Versuchung war, wieder Drogen zu nehmen. Auch Dave und Michael wussten davon. Sie übten keinen Druck auf mich aus, versicherten mir sogar, dass sie mich nicht verdammen würden, wenn ich schwach werden würde. Aber sie unterstützten mich, blieben bei mir, beteten für mich. Ich war nicht allein mit meinem inneren Kampf. Und so ließ der Drang langsam wieder nach. Wie gut, dass ich so ländlich wohne und ich weit und breit niemanden kenne, der mir auch nur ein einziges Gramm Marihuana oder Cannabis verkaufen könnte. Das hat auch geholfen.

Jeder brauchte seine Zeit, um mit der Trauer fertigzuwerden. Ich ging schon nach wenigen Wochen wieder hinaus in die Welt und erzählte von Jesus Christus. Der Schmerz ließ langsam nach. Es gibt so viele Eltern, die dasselbe durchmachen müssen wie wir. Gott will mich gebrauchen, um andere zu ermutigen. Das fühle ich ganz deutlich. Die Erfahrung war so auch nicht umsonst. Ich bin mit meiner Verzweiflung zu Gott gegangen. Er trägt, auch wenn es Tiefpunkte der Leere gibt. Die Gewissheit, dass mein Kind errettet ist, trägt mich!

...

Vor der Stillgeburt von Dominik hatte ich bereits einmal eine Fehlgeburt. Doch da war ich ohne diesen Halt. Um wie viel schwerer war das für mich!

Damals, vor zehn Jahren, als Michael und ich noch voll im Drogensumpf saßen, wurde ich schwanger – nach meinen ersten beiden Töchtern die dritte Schwangerschaft. Michael war überhaupt nicht erfreut. Er war gegen ein weiteres Kind und forderte eine Abtreibung. Heute weiß ich, dass er nicht anders konnte; selbst drogenabhängig, arbeitslos und von der Situation komplett überfordert. Für mich hingegen kam eine Abtreibung überhaupt nicht infrage, auch wenn ich psychisch labil war und ebenfalls nicht wusste, wie wir das alles schaffen sollten.

Um uns zu einigen, schlug ich einen Termin bei „pro familia“ vor, bei der ein Gespräch vor einer Abtreibung gesetzlich vorgeschrieben ist. Er sträubte sich natürlich dagegen, aber ich drohte ihm damit, mich von ihm zu trennen, wenn er nicht mitginge. Ich war gerade in der elften Schwangerschaftswoche, also knapp an der zeitlichen Grenze, an der Abtreibungen noch vorgenommen werden können. Michael herrschte die Beraterin an, sie solle mir endlich den Schein ausstellen. Doch sie blieb ruhig und warf ihn erst mal raus. Sie wollte mit mir allein sprechen und versicherte mir, dass ich jede Hilfe bekäme, die ich bräuchte, um die Schwangerschaft auch allein durchzustehen. Aber ich hatte daran ja sowieso keinen Zweifel. Ich fühlte mich nach dem Gespräch nur noch sicherer in meiner Entscheidung.

Ein paar Wochen später hatte ich den nächsten Vorsorgetermin. Auch damals: kein Herzschlag. Und es kam noch schlimmer. Nach Einschätzung des Frauenarztes musste der Fötus schon seit mehr als drei Wochen tot sein. Seit dieser Zeit war er nicht mehr gewachsen. Das konnte er anhand seiner Größe ungefähr berechnen. Als ich das hörte, konnte ich nicht mehr sprechen. Es war, als setzte mein Atem aus. Ich hatte so viele Kämpfe und Streitereien mit Michael durchgestanden wegen eines Fötus, der gar nicht mehr lebte? Das sollte alles umsonst gewesen sein?! Es entsetzte mich zu hören, dass ich seit Wochen einen toten Fötus in mir trug.

Zwei lange Tage musste ich auf meinen Termin für die Ausschabung warten. Zwei Tage Horror. Zu wissen, dass ich etwas Lebloses in mir trug, machte mich total fertig. Ich habe nur geweint und war sonst wie apathisch. Schrecklich! Von Michael konnte ich keinen Beistand erwarten. Als ich ihm von dem toten Kind in meinem Bauch erzählte, reagierte er kaum. Es schien ihn kaltzulassen. Da half es auch nicht, dass eine Freundin, der ich mich anvertraute, lapidar sagte: „Das hatte ich auch schon mal, ist gar nicht so schlimm."

Für mich war es sehr schlimm. Ich war ja voll auf Schwangerschaft eingestellt. Nicht nur im Kopf, sondern vor allem emotional und auch hormonell.

Nach der Ausschabung war ich wie in eine Schockstarre versetzt. Der Schmerz war einfach zu groß. Ich glaube, es macht für Frauen keinen großen Unterschied, in welcher Woche sie eine Fehlgeburt oder eine Totgeburt oder eine Ausschabung erleiden. In dem Moment, in dem man weiß, dass man schwanger ist und sich auf das Kind freut, ist es einfach nur schlimm, wenn der Fötus stirbt.

Ich habe Tag für Tag weitergelebt, aber ich habe ständig daran gedacht, vor allem wenn sich das Datum im Monat wiederholte. Das Ultraschallbild, das mir der Arzt nach der ersten Untersuchung, als noch alles in Ordnung war, mitgegeben hatte, stand ab jetzt gerahmt in der Vitrine. Ich konnte einfach nicht loslassen. Das ging fast drei Jahre lang so, bis ich erneut schwanger wurde und unsere dritte Tochter auf die Welt kam.

Früher hatte ich Fotos von allen Verstorbenen aus meiner Familie und von Freunden gerahmt und aufgestellt. Doch in unserem neuen Haus stehen auf der Fensterbank nur zwei Fotos: eines von Michael und mir bei unserer Hochzeit und eines von unseren vier Töchtern. Ich lasse die Vergangenheit los und schaue nach vorne. Die anderen Fotos schlummern in Kisten auf dem Speicher.

...

Ich musste zwei Mal erleben, dass Kinder von mir nicht lebensfähig waren und starben. Aber beim ersten Mal, als ich Gott noch nicht in meinem Leben hatte, war es bedeutend schwerer damit umzugehen. Dominiks Tod konnte ich viel besser verkraften, weil ich ihn ja bei Gott wusste.

Ich finde übrigens den Ausdruck „Sternenkind“ irgendwie unpassend. Was soll das heißen? Dass jedes tote Kind zu einem Stern wird und immer auf die restliche Familie herunterschaut? Ist das nicht eine seltsame Verherrlichung einer wirklich schlimmen Erfahrung? Für mich sind es einfach meine Kinder.

Man hat nicht herausgefunden, woran die beiden Kinder in der Gebärmutter gestorben sind. Bei Dominik wollten wir keine Obduktion und bei dem ersten Fötus konnte man nicht feststellen, warum sein Herz nicht weitergeschlagen hat. Mein Frauenarzt wusste, dass ich beim ersten Mal noch Drogen konsumierte, allerdings kannte er nicht das Ausmaß. Er riet mir damals dringend, damit aufzuhören und auch nicht mehr zu rauchen. Ich hörte aber nicht auf ihn. Ich sah das damals gar nicht als dramatisch an. Schließlich waren meine ersten beiden Töchter ja gesund und ohne Probleme auf die Welt gekommen. Außerdem kannte ich viele Mütter aus meinem Bekanntenkreis, die während der Schwangerschaft kifften und rauchten. Es war ganz normal in meinen damaligen Kreisen. Die Drogen und das Rauchen wurden verharmlost.

Auch wenn meine Kinder keine offensichtlichen mentalen oder körperlichen Einschränkungen haben, frage ich mich manchmal, ob die Konzentrationsschwierigkeiten, mit denen meine Kinder zu kämpfen haben, oder ihre häufige Unruhe vielleicht doch darauf zurückzuführen sind, dass ich während der Schwangerschaften gekifft und auch geraucht habe. Bei der Schwangerschaft mit meiner vierten Tochter habe ich die Zigaretten auf drei und sogar irgendwann auf eine pro Tag reduziert. Aber ganz habe ich es bis heute nicht geschafft aufzuhören.

Ich darf mich deshalb aber auch nicht verdammen. Ich darf mich nicht in eine Spirale der Selbstvorwürfe ziehen lassen. Ich kann nicht rückgängig machen, was ich getan habe. Ich kann mich nur bemühen, mein bestes Selbst zu sein. Auch ich bin nicht perfekt. Ich versuche in der Zukunft mein Verhalten zu verbessern. Mit dem Rauchen aufzuhören: definitiv mein Ziel! Auch für die Kraft, das zu schaffen, bete ich.

...

Nach unserem Gebet an Dominiks Grab unter dem wunderschönen Regenbogen aus Glas gingen Michael und ich langsam und schweigend wieder zurück zum Auto. Auf der Heimfahrt fühlte ich mich erleichtert.

„Ich bin sehr froh, dass wir heute hier waren."

„Ich auch."

Wenn die Zweifel kommen …

Bin ich eine gute Christin? Warum wird mein Gebet nicht erhört? Weshalb schaffe ich es nicht, meine Bekannten und Verwandten aus dem Drogensumpf herauszuholen? Warum lässt Gott zu, dass Kreuze abgehängt werden, wo sie schon seit Jahrhunderten hingen? Warum müssen so viele Menschen im Krieg sterben? Wieso durften meine Sternenkinder nicht leben? Erfülle ich meine Aufgaben gut genug? Könnte ich nicht vielleicht eine bessere Mutter sein? Warum kann Gott nicht endlich einen Blitz einschlagen lassen, damit Frieden herrscht auf unserer Welt? Wie kann Gott es zulassen, dass Kinder missbraucht werden? Warum müssen so viele Menschen unter schlimmen Krankheiten leiden?

Wieso, weshalb, warum … Immer wieder quälen mich Fragen, auf die ich keine Antworten finde, oder die mich in tiefe Zweifel stürzen. Zweifel an mir selbst, Zweifel an anderen, Zweifel auch am Wirken Gottes. Natürlich sind Zweifel normal. Auch bei Christen. Wir sind ja ganz normale Menschen.

Seit ich an Gott glaube, hatte ich zwar noch nie grundsätzliche Zweifel an seiner Existenz, auch wenn ich mich ihm phasenweise näher oder ferner fühle. Aber ich ärgere mich, wenn ich Gebete zum Himmel schicke, immer und immer wieder – und nichts passiert. „Wie lange soll ich denn noch warten?“ Die Ungeduld lässt mich dann daran zweifeln, dass mein Gebet wirklich etwas nützt. Doch was sind denn das für Erwartungen?! Ich weiß doch ganz genau, dass Gott seinen eigenen Zeitplan verfolgt. Wie kann ich wissen, was wann an der Zeit ist?! Ich habe doch nur eine sehr beschränkte Sicht aus menschlicher Perspektive. Und dennoch: Ich zweifle immer wieder. Und manchmal habe ich auch gar keine Lust mehr weiterzubeten.

Ich zweifle bisweilen auch daran, ob bestimmte Dinge, die ich für Gottes Willen halte, wirklich gottgewollt sind, oder ob ich mir das nur einbilde. Im Streit mit Michael kann es sogar sein, dass ich kurze Zeit an meiner Ehe zweifle. Sollte ich nicht doch besser ausziehen? (Ich bin sicher, umgekehrt geht es Michael manchmal genauso.)

Wenn es bei der Arbeit in der Gemeinde Konflikte gibt, möchte ich manchmal am liebsten alles hinschmeißen. Später, wenn sich die Wogen geglättet haben, wird mir klar, dass das vor allem Ausflüchte sind, gedankliche Rettungsgassen, aber keine wirklichen Alternativen.

Besonders schlimm zehren die Zweifel an mir, wenn meine Gebete für meine Nächsten und Liebsten, die ihr Leben noch nicht meistern und weiterhin drogenabhängig sind, nicht erhört werden. Nicht schnell genug erhört werden. Ich weiß, dass ich Gott nicht drängen kann. Ich weiß auch, dass ich die Menschen, die sich selbst noch nicht helfen können, immer wieder loslassen muss. Sie werden ihr Leben nicht schneller in den Griff bekommen, mit Drogen oder mit dem Saufen aufhören, wenn ich mich einmische.

Ich weiß, dass jeder in seiner eigenen Zeit seinen Weg geht, gehen muss. Und dass jeder selbst entscheidet, wohin er geht. Ich möchte aber immer so gerne helfen, so gerne den Weg weisen.

Mit Gottes Hilfe. Aber ich muss immer wieder anerkennen, dass ich eigentlich über andere machtlos bin.

Wenn man selbst weitergekommen ist, kann man leicht sagen oder denken: Mensch, dann musst du dich halt endlich mal bewegen, damit sich was verändert! Mit so einer Haltung bin ich vorsichtig geworden. Es hat etwas Verurteilendes, was mir nicht zusteht. Man weiß ja nie, was der Mensch wirklich durchgemacht hat und was ihn davon abhält, in Gottes Hand einzuschlagen. Außerdem hilft nicht allen die gleiche Medizin, sozusagen. Gott geht auch nicht immer dieselben Wege. Er lässt sich in keine bestimmte Schublade stecken. Er wirkt nicht immer gleich. Ich kann die Menschen in Not allerdings ermutigen, einmal einen Weg auszuprobieren, auch auf Gott hin. Oft ist es auch so, dass sich ihnen Gott bereits gezeigt hat, sie aber noch nicht bereit dafür sind, ihn sehen zu wollen.

In jedem Fall kann ich immer diejenigen bedingungslos lieben, die mich in ihrem eigenen Schmerz wegstoßen – so wie ich das lange Zeit auch mit Menschen getan habe, die mir helfen wollten – und weiterbeten.

...

Am allerschlimmsten sind die Selbstzweifel, wenn ich mich wieder einmal darin hineinsteigere, dass ich als Drogenabhängige damals keine gute Mutter war. Auch da hilft nur beten. Ich konnte es einfach nicht besser. Und ich gebe mir heute alle Mühe, die Defizite von damals auszubügeln. Aber ich muss nachsichtig mit mir sein, sonst würde ich wieder in ein Loch fallen: Ja, ich habe damals versagt, aber heute mache ich es besser.

Eigentlich ist es immer dasselbe: Ich bekomme Zweifel an Gott, wenn es nicht schnell genug geht. Dass Gebete Wirkung zeigen, dass Gott eingreift, habe ich oft erlebt. Ganz konkret, ganz direkt. Aber oft macht er das nicht in dem Tempo, das ich mir wünsche oder vorstelle. Man sagt gern, dass Gott Größeres und Besseres mit einem vorhat, als man ahnt. Doch im Moment der Not kann man nicht so weit in die Zukunft sehen. Man hofft als Mensch auf kurzfristige Hilfe oder Erlösung.

Ich habe mir zwischenzeitlich angewöhnt, Gott nicht mehr so oft „Warum?" zu fragen, weil die Antwort doch ziemlich auf sich warten lässt, sondern eher zu sagen: „Ich habe keine Ahnung, was du damit jetzt bewirken willst, aber vielleicht kannst du mir zeigen, wozu das gut sein soll!" Wenn mal wieder eine Hiobsbotschaft nach der anderen eintrudelt, hilft das, weil man dann vielleicht eine Idee bekommt, wie man sich selbst weiterhelfen kann.

Auf keinen Fall hilft es, sich selbst (und Gott) unter Druck zu setzen: „Jetzt habe ich doch schon so lange gebetet, warum passiert denn nichts?" In dieser Erwartungshaltung zu beten, hat bei mir noch nie etwas gebracht.

Wenn einmal wieder zu viele Dinge auf einmal zu bewältigen sind, wenn mein Kopf bis obenhin voll ist, die To-do-Liste immer länger wird, ich nicht weiß, wo ich anfangen soll, wenn die Zweifel an mir, an anderen, an Gottes Wirken nagen, dann hilft es mir, wenn ich mich an meine „Geschwister im Glauben" wende. Per WhatsApp eine Nachricht an meine Frauen-Gruppe geschickt, schon kommen viele ermutigende Antworten. Nie kommt dann irgendetwas zurück, was mich noch mehr deprimieren würde.

Auf die Zweifel folgt das Vertrauen. Ich kann darauf vertrauen, dass die anderen für mich da sind. Die Last verteilt sich auf mehreren Schultern, weil Gott mir wunderbare Schwestern und Brüder im Glauben zur Seite gestellt hat. Ich bin nicht mehr allein im Kampf.

Wenn ich dann noch Lobpreismusik anmache, füllt sich die Atmosphäre um mich herum mit positiver Energie auf. Und wenn ich in solchen Momenten nicht beten kann, singe ich einfach - laut oder leise - mit. Vielleicht schaffe ich es dann, noch eine alte Predigt anzuhören oder tatsächlich in der Bibel zu lesen. Wenn wiederum andere zu mir kommen und mir ihre Zweifel mitteilen, rate ich ihnen immer: „Sag es Gott im Gebet!" Auch das ist Glaube: Im Zweifeln nicht gleich aufzugeben, nicht sofort wegzurennen und alles hinzuschmeißen.

Ich bin auch dann eine gute Christin, wenn mein starker Glaube im Zweifel etwas schwach wird.

Traumberuf: Evangelistin

Ich hatte noch nie einen richtigen Beruf. Immer wieder hatte ich zwar Aushilfsjobs: in einer Kantine, im Discounter an der Kasse, in der Bäckerei, im Supermarkt. Doch die meiste Zeit war ich Mutter und habe mich um meine Kinder gekümmert. Oder war leider so im Drogensumpf versunken, dass Arbeit gar kein Thema war. Ich war lange Zeit einfach unfähig, für mich selbst zu sorgen und eigenes Geld zu verdienen.

Heute habe ich das Glück, dass die Finanzen meiner Familie in Ordnung sind, weil mein Mann fest angestellt arbeitet und wir unabhängig geworden sind von irgendwelchen Sozialleistungen. Doch auch ich bin auf meinem Weg, finanziell etwas zu unserem Lebensunterhalt beizusteuern.

Klar, ich bin immer noch vor allem Hausfrau und Mutter – ebenfalls Berufe, auch wenn man damit kein Geld verdient. Aber zusätzlich arbeite ich jetzt für Gott. Ich erzähle anderen, was er für mich getan hat und was er mir bedeutet. Ich gehe dahin, wo Jesus mich hinschickt.

Ende 2016, als ich ganz frisch in unserer Gemeinde war, hätte ich nie für möglich gehalten, dass ich einmal so eine verantwortungsvolle Aufgabe übernehmen würde. Wie so oft in meinem Leben haben Menschen meinen Weg gekreuzt, die die entscheidenden Impulse für meine Entwicklung gegeben haben. Ich bin heute sicher, dass das nie ein Zufall war, sondern dass Gott seine Finger im Spiel hatte.

...

Ein paar Wochen nachdem ich getauft worden war, ging ich sehr frühzeitig zum Gottesdienst. Schon eine Viertelstunde vor Beginn saß ich auf meinem Platz und wollte mich innerlich einstimmen. Da ich noch nicht so viele Leute kannte und mich bei Gesprächen ohnehin immer lieber zurückhielt, störte mich auch niemand und ich hatte noch einige Minuten Ruhe, bevor es losging.

Damals war der Gottesdienst noch in einem nicht allzu großen, aber schön hellen Raum in unserem Gemeindezentrum. Vorne auf einer Erhöhung standen der Altar und ein Kreuz. (Heute haben wir eine große Halle.) Ich wollte eigentlich noch beten. Doch dann rollte jemand neben mich.

Ich saß außen in der Reihe. Ich kannte diesen Mann nicht. Er trug eine auffällige knallgelbe Daunenjacke. Als er mich ansprach, schien es, als füllte sich der ganze Raum nicht nur mit seiner Stimme, sondern auch mit seinem Charisma: „Ich spüre genau: Du hast eine krasse Geschichte", sagte er. Ich schaute ihn fassungslos an und wusste gar nicht, was ich antworten sollte. „Ich bin noch ganz neu im Glauben und weiß noch gar nicht viel", sagte ich kleinlaut. Ich hatte zu der Zeit nicht besonders viel Selbstbewusstsein. Kaum hatte ich das gesagt, fasste ich mich innerlich an den Kopf: Hä, was sollte denn diese bescheuerte Antwort?! Doch der Rollstuhlfahrer lächelte mich nur an. Es schien ihm gar nicht komisch vorgekommen zu sein. Und mir wurde es dabei ganz warm ums Herz. „Ich bin Josef Müller“, stellte er sich vor und rückte seinen Rollstuhl noch etwas zurecht. Er hatte offensichtlich direkt neben mir einen festen Platz wegen seines Rollstuhls. Josef Müller? Das sagte mir gar nichts. Ich hatte ihn auch noch nie in der Gemeinde gesehen.

Aber als er seinen Rollstuhl rangierte, sah ich den Aufdruck auf dem Speichenschutz des Rollstuhls: „Du bist geliebt!“ stand da rot hinterlegt und ein ebenso roter Löwe sprang auf den Schriftzug zu. Ich war geflasht. Was war das denn?! Ich fand das so cool, dass ich immer wieder hinschauen musste. Ein Mann mit einer derart starken Behinderung wie einer Querschnittslähmung und gleichzeitig mit so viel Power – fantastisch! Ich mochte auch seine Offenheit und unkomplizierte Direktheit. Er war mir vom ersten Moment an sympathisch. Früher hatte ich immer Berührungsängste mit behinderten, beziehungsweise körperlich beeinträchtigten Menschen. Ich war immer verunsichert, wenn ich ihnen begegnete. Aber jetzt merkte ich, dass ich mir darüber überhaupt keine Gedanken machen musste.

Ab jetzt trafen wir uns öfter in der Gemeinde und kamen jedes Mal ins Gespräch. Auch ich schien Josef sympathisch zu sein. Oder hatte er noch etwas anderes im Sinn? Ich hatte das Gefühl, dass er mich genau unter die Lupe nahm und beobachtete. „Hättest du nicht mal Lust, zu einem meiner Vorträge mitzufahren?“, fragte er mich eines Tages. Das war es also. Wow! Ich fühlte mich geehrt.

Denn ich hatte mich inzwischen umgehört. Auch Josef hat eine „krasse Geschichte“: Seit seinem siebzehnten Lebensjahr sitzt er nach einem Autounfall im Rollstuhl und führte vor seiner

Bekehrung „ein filmreifes Leben zwischen Luxuslimousinen, Kaviar, Trüffel und Champagner, Kokain und wilden Partynächten", wie es auf seiner Website heißt. Er war Steuerberater für Prominente und Reiche. Allerdings machte er mit ihnen dubiose und sogar illegale Geschäfte. Ich las seine Selbstbeschreibung von damals: „Gier frisst Hirn" und „brutale ethische Aussetzer". Trotz seines Rollstuhls hatte er sich zum Handlanger für Mafia-Gangster aus dem Waffenschieber- und Drogenmilieu entwickelt. Er lebte im Dunstkreis von Drogenbossen und Finanzkriminellen.

Doch sein Luxusleben war vorbei, als er wegen seiner kriminellen Machenschaften für fünfeinhalb Jahre im Gefängnis landete. Genau dort, das erzählte er mir einmal persönlich, fand er zu Gott. Nach seiner Bekehrung begann er ein neues Leben, das er fortan für Jesus und für die Verkündigung des Evangeliums einsetzt. Er hat eine Stiftung gegründet und reist seither kreuz und quer umher und hält Vorträge, um davon zu erzählen, wie Jesus sein Leben gerettet hat und um anderen Menschen ebenfalls Mut zu machen.

„Willst du nicht auch erzählen, was du mit Gott erlebt hast, Sara?", fragte Josef mich. Ich sollte ihn als Assistentin begleiten und meinen eigenen Impuls am Ende seines Vortrags geben, das war seine Idee. Als ich ihn das erste Mal nach einem Gottesdienst in sein Auto steigen sah, rieb ich mir die Augen: Ein funkelnagelneuer weißer Mercedes Benz mit rotem Löwenlogo: „Jesus saved my life" stand in großen Buchstaben auf der Seite des Autos. Das ist ja seltsam. Passt das?, dachte ich bei mir.

Als ich Josef darauf ansprach, erzählte er mir, dass das Auto ein Geschenk eines reichen Schweizers gewesen sei, der drei Mal denselben Traum gehabt hatte: Er solle Josef Müller ein Auto schenken. Dieser Mann hatte wohl keine Ahnung, wer Josef Müller war, googelte ihn und folgte dann tatsächlich dem Hinweis aus seinen Träumen. Josef bekam von ihm 100.000 Euro, für die er sich ein für ihn speziell umgebautes Auto kaufen durfte. „Ein Wunder, nicht wahr? Gott wollte eben, dass ich sicher zu meinen Vorträgen komme", schmunzelte er mich an. „Und außerdem brauche ich doch so viel Platz, um meinen Rollstuhl und meine Bücher zu transportieren. Gott denkt eben an alles."

Nach diesem intensiven Gespräch ließ ich meinem Herzen freien Lauf: „Ja klar, ich komme sehr gerne mit!", antwortete ich Josef freudestrahlend und voll motiviert. Früher wusste ich mit der Bibelstelle „Folgt mir nach! Ich will euch zu Menschenfischern machen" (Matthäus 4,19) nichts anzufangen. Das hat mir absolut nichts gesagt. Doch jetzt fing ich an zu verstehen, was Jesus damit gemeint hat. Auch ich spürte jetzt die Sehnsucht, möglichst viele Menschen mit ins Licht zu ziehen. Ich hatte und habe so viele zerbrochene Menschen in meinem Umfeld. Ich möchte, dass auch sie geheilt werden und Gott kennenlernen. Und wie kann ich das am besten tun? Indem ich meine Geschichte erzähle, ein Beispiel für Gottes Wirken gebe und dadurch das Evangelium verkünde.

...

„Mensch, Josef, ich kenne das hier", rief ich begeistert, als wir langsam auf den Parkplatz der Gemeindehalle fuhren, wo ich das erste Mal die Geschichte über meine Heilung und meinen Glauben erzählen sollte. „Mein Bruder und ich waren hier als Jugendliche schon mal bei einem Gottesdienst. Allerdings total zugedröhnt! Wir sind auch gar nicht bis zum Ende geblieben. Ein Freund von uns war damals hier Mitglied." „Siehst du? Gott hat das alles vorbereitet", sagte Josef, als sei es das Selbstverständlichste der Welt. Ich aber fand das äußerst erstaunlich. Ironie des Lebens oder wieder Fügung? Wohl eher die Bestätigung, dass Gott nach und nach alle möglichen Puzzleteile für mein Leben zusammenfügt.

Das erste Mal auf der Bühne war eine Katastrophe. Josef hatte so schön gesprochen, die Stimmung im Saal war super. Alle waren begeistert. Nun war ich dran. Ich war schon die ganze Zeit schrecklich nervös gewesen. Ich hatte noch nie vor Menschen öffentlich gesprochen, schon gar nicht vor so vielen. Es waren etwa 150 Zuhörer anwesend. Ich ging auf die Bühne, nahm das Mikro in die Hand und ... erst einmal: nichts! Ich bekam kaum Luft. Dann stammelte ich los. Ich hatte zehn bis fünfzehn Minuten Zeit, um meine Geschichte zu erzählen. Zwar hatte ich mir vorher überlegt, was ich sagen wollte, aber in dem Moment war alles weg. Ich hatte keinen Plan mehr. „Äh" war in dieser Zeit wohl das häufigste Wort. Ständig wiederholte ich mich. Und wahrscheinlich war mein Beitrag auch viel zu lang.

Ich hatte schon beim Abgang von der Bühne keine Ahnung mehr, was ich eigentlich alles erzählt hatte. Ob sich davon irgendjemand bekehren oder einfach nur ermutigen lassen hatte? Wohl kaum. Schnell verkroch ich mich hinter dem Büchertisch. Ich war voller Adrenalin und musste von der Bildfläche verschwinden, um mich erst einmal zu beruhigen. Außerdem schämte ich mich für mein Gestammel.

Als Josef auch am Büchertisch angekommen war, sagte er nur: „Learning by doing!" und klopfte mir auf die Schulter. Aber das war nicht alles. Er gab mir auch den Tipp, dass ich meinen Impuls, meine kleine Rede, vorbereiten müsse. „Ein Konzept für einen Vortrag ist Gold wert!", sagte er. Ich brauchte Stichworte, an denen ich mich während des Redens orientieren konnte. Das nahm ich mir für das nächste Mal vor.

Völlig überraschend stürmten trotz meines verkorksten Vortrages viele der Zuhörer auf mich zu und bedankten sich für mein Glaubenszeugnis. „Danke, Gott, du hast mir geholfen", flüsterte ich im Herzen.

Ab da fuhr ich immer wieder mit Josef mit. Und immer, egal, wo wir hinkommen, werden wir auf das Herzlichste begrüßt und bewirtet. Es kommt mir jedes Mal so vor, als kenne ich die Menschen vor Ort schon seit Ewigkeiten. Als seien wir alle eine große Familie. Wir vertrauen uns, kochen und essen miteinander. Ein solch wunderschönes Gefühl der Gemeinschaft und Zugehörigkeit kenne ich von meinen „weltlichen" Begegnungen nicht.

Ich durfte Josef mittlerweile zu mehr als 100 Vorträgen begleiten und jedes Mal auch von mir erzählen. Er muss wohl gespürt haben, wie wichtig es für mich ist und wie sehr ich mich mit dieser neuen Aufgabe identifiziere. Wir sprechen in Schulen, christlichen Gemeindehäusern, aber auch in Gefängnissen. Zu Josefs Kodex gehört, dass er nirgends anfragt, reden zu dürfen. Er lässt die Menschen auf ihn zukommen. Wo er gebraucht wird, geht er hin. Und ich mit ihm.

Ich bin immer noch jedes Mal vor einem Auftritt aufgeregt. Jeder Einsatz ist etwas Besonderes, eine neue Location, andere Menschen. Doch zwischenzeitlich habe ich so viel Erfahrung gesammelt, dass ich frei sprechen kann, ohne zu viele Patzer und Aussetzer. Ich stottere nicht mehr. Ich spreche auch nicht mehr ins Uferlose. Dafür verlasse ich mich auf mein Konzept, mein Grundgerüst. Und ich verlasse mich auf Gottes Hilfe. Ihn bitte ich jedes Mal vor einem Auftritt darum, dass er mich leiten und mir die Worte in den Mund legen möge, die die Menschen genau in diesem Moment am meisten brauchen. Und wenn ich nur eine einzige Person erreicht habe, habe ich mein Ziel schon erreicht. Es darf auch keine Routine werden, auch wenn meine Geschichte natürlich immer dieselbe ist. Ich atme tief durch… und los geht's.

Wir waren auch schon im Ausland unterwegs: in Österreich, der Schweiz und sogar auf Mallorca. Immer mit dem Ziel, Menschen für Jesus zu gewinnen, das Evangelium zu verkündigen und unsere persönlichen Lebensgeschichten zu erzählen.

Ein spektakulärer Einsatz auf Mallorca schaffte es sogar auf die Titelseite der BILD-Zeitung. An einem Hochsommerabend erhielt ich plötzlich einen Anruf von Josef: „Hättest du spontan Bock, mit mir nach Mallorca zu kommen und am Strand zu sprechen? Da gibt es ein paar Leute, die dort jeden Abend Gottesdienst feiern und uns eingeladen haben." Am Strand? Ich war bis dato nie wirklich verreist. Ich war noch nie geflogen. Aber das klang alles so spannend und cool, dass ich ohne zu zögern zusagte.

Nach dem Telefonat meldeten sich dann doch Zweifel an. Wie sollte ich das nur alles unter einen Hut bekommen?, fragte ich mich. Ich war zu der Zeit alleinerziehend und hatte nur zwei Tage Zeit, meine Kinder und meine Hunde unterzubringen. Aber diese Chance wollte ich mir einfach nicht entgehen lassen. Schon so lange hatte ich dafür gebetet, einmal mehr von der Welt sehen zu dürfen. Und nun hatte ich die Möglichkeit zu reisen *und* Gott zu feiern. Drei Tage Mallorca: Nichts sollte mich aufhalten.

Die Organisation lief wie am Schnürchen: Eine Nacht nahm eine Freundin die Kinder und die zweite meine Eltern. Überhaupt kein Problem. Josef fand trotz Hochsaison gerade noch passende Flüge und schaffte es, das einzig verfügbare Leihauto auf der Insel zu mieten, das so ausgestattet war, dass es Menschen mit Querschnittslähmung fahren konnten.

Als ich im Flugzeug am Fenster saß und auf die Wolken herabsah, zum ersten Mal in meinem Leben, war es plötzlich unbegreiflich für mich: Gerade noch krass drogenabhängig, saß ich jetzt neben so einem besonderen Menschen im Flugzeug nach Mallorca, um dort Gottes Wort zu verkünden. Es war fast unwirklich.

Die Gottesdienste fanden am Abend statt, sodass ich tagsüber ein paar Stunden Zeit für mich hatte. Ich genoss die freie Zeit sehr, denn ich war noch nie im Leben am Meer gewesen. Ich saß auf einem Felsen, schaute aufs Meer, hing meinen Gedanken nach und war einfach nur dankbar. Zwar hätte ich meinen Kindern diesen Anblick auch so sehr gegönnt, aber es war auch schön, einmal überhaupt keine Verantwortung zu haben und mich ganz zu sammeln.

Denn wenige Stunden später brauchte ich wieder meine ganze Kraft: Etwa 100 Christen des Vereins „Gospel Tribe" kommen jedes Jahr für zwei Wochen auf Mission nach Mallorca. Sie gehen abends durch die Ballermann-Straßen, sind für die Menschen da und helfen denen, die nicht mehr zurück ins Hotel finden. Am Abend feiern sie gemeinsam auf einem gemieteten Stück Strand zwei Mal Gottesdienst. Alle, die dabei sein wollen, sind herzlich eingeladen. Auf einer Bühne treten Musiker mit Lobpreismusik auf und Gäste erzählen persönliche Erlebnisse mit Jesus.

Das lockt dann sogar diejenigen an, die gleich nebenan auf den Partys feiern.

Vor einem malerischen Sonnenuntergang über dem Meer meine Geschichte zu erzählen und Gott zu loben, gehört zu den schönsten Erlebnissen meines Lebens. Ich hoffe, dass ich eines Tages noch einmal dorthin eingeladen werde. Ich glaube, ich habe den schönsten „Job", den man sich vorstellen kann!

...

Ich wurde schon öfter gefragt, ob ich mir auch vorstellen könne, irgendwann Pastorin in unserer Gemeinde zu werden. „Ich bin mir ganz sicher, dass das nicht das Richtige für mich ist", habe ich jedes Mal geantwortet. Ich habe mich zwar lange in der Gemeinde im sogenannten Welcome Team engagiert, aber mein Arbeitsplatz ist nicht in der Gemeinde, sondern draußen. Ich bin keine Pastorin. Ich habe zwar ein Herz für Menschen, ich liebe sie, aber meine Berufung ist bei denen, die noch nicht zu Gott gefunden haben.

Doch gerade als Evangelistin, die draußen bei allen möglichen Menschen ist, muss ich aufpassen, dass ich meine gesunden Grenzen wahre oder besser gesagt, dass andere sie wahren. Da ich meine Geschichte so unmittelbar erzähle, fühlen sich viele Zuhörer mir sehr nahe und verbunden. Das ist schön und auch gewollt. Aber es kann auch kippen. Ich kann ja leider nicht jeden einzeln begleiten. Ich bin keine Psychologin, keine Psychiaterin, keine Ärztin. Ich bin nicht einmal eine Seelsorgerin. Ich kann keine Verantwortung für die Gesundheit von Menschen übernehmen, die mich bei Veranstaltungen oder Gottesdiensten treffen und meine Nähe suchen. Ich kann sie nur ermuntern, Kontakt zu Jesus aufzunehmen und sich eine Gemeinde zu suchen, in der sie Halt und Unterstützung finden. Und manches Mal muss ich ihnen auch raten, sich professionelle Hilfe zu holen, die ich nicht bieten kann.

Oft melden sich Menschen bei mir, die mich oder von mir gehört haben. Sie wenden sich mit ihren Problemen an mich, nicht selten mit Suizidgedanken.

Vor Kurzem meldete sich via Facebook-Messenger ein Mann bei mir. „Ich möchte mich von Ihnen verabschieden und wünsche Ihnen alles Gute. Ich werde mir heute Abend das Leben nehmen. Ich sehe keinen Sinn darin weiterzuleben", schrieb er mir. Ich saß gerade gemütlich abends auf dem Sofa und wollte den Tag ausklingen lassen. Ich war natürlich sofort besorgt und schrieb zurück, dass er es nicht tun solle, dass Gott stärker sei als alle seine Probleme. Aber eigentlich war ich mit der Situation komplett überfordert: Er nannte mir weder seinen Namen noch seinen Wohnort. Ich konnte also auch keine Hilfe vor Ort alarmieren. In meiner Hilflosigkeit bot ich ihm an zu telefonieren. Doch meine Nachricht blieb ungelesen.

Ich lief nervös durch die Wohnung, schaute ständig auf mein Handy. Nichts. Um mich etwas zu beruhigen, hörte ich mir Lobpreismusik an. Aber auch das half in dem Moment nur wenig. Ich war machtlos. „Gott ist stärker!", sagte ich mir immer wieder und betete für diesen Mann.

In dieser Nacht konnte ich kaum schlafen. Dabei musste ich am nächsten Tag doch wieder für meine Kinder fit sein. Am nächsten Morgen bekam ich doch noch eine Nachricht von ihm: „Ich bin noch am Leben und hole mir heute Hilfe. Danke!" So froh ich darüber war, so war ich doch auch wütend. Denn er hatte mich in eine Situation gebracht, in der ich ohnmächtig war. Diese Erfahrung war mir eine Lehre. Auch ich muss Grenzen ziehen.

Ich muss bei meinen Vorträgen deutlich sein. Von Jesus zu erzählen ist das eine, aber ich habe mir nun angewöhnt, auch praktische Hinweise zu geben, also: „Sucht euch eine Gemeinde, sucht euch professionelle Hilfe, wendet euch an Menschen in eurem direkten Umfeld, wenn es euch schlecht geht! Ich kann niemanden erretten, ich kann niemanden heilen, ich kann nur für euch beten. Alles andere lege ich in Gottes Hand."

Andererseits ist es auch schön, von Zuhörern zu erfahren, welche Wirkung meine Worte auf sie haben. Normalerweise bekomme ich das gar nicht mit, weil die Leute nach Hause gehen und erst später das, was sie gehört haben, in ihnen arbeitet. Doch manchmal geht es auch ganz schnell: Nach einem Vortrag in Münster zum Beispiel kam eine Mutter mit ihrer etwa 16-jährigen, sehr aufgemotzten Tochter zu mir und dankte mir. Sie fühlten sich sehr angesprochen von dem, was ich gesagt hatte. Ich fragte mich, was es wohl konkret gewesen sein könnte, was ihnen so zugesprochen hatte.

Als die Mutter weg war, vertraute sich das Mädchen mir kurz an: „Ich fühle mich ständig unter dem Druck, perfekt sein zu müssen, allen Typen zu gefallen. Aber du hast mir gezeigt, dass ich gar keine falsche Fassade aus Schminke und coolen Klamotten brauche. Es reicht doch, dass ich ich selbst bin." Sie fiel mir um den Hals und ging dann schnell wieder zu ihrer Mutter. Dieses wunderschöne Erlebnis trage ich seitdem mit mir! Es tut so gut zu erleben, dass der Einsatz nicht umsonst ist, dass ich manchen Menschen das Leid ersparen kann, das ich erlebt habe.

Unabhängig von Josef werde ich nun immer häufiger als alleinige Rednerin zu Gottesdiensten und Veranstaltungen eingeladen. Ich spreche besonders gerne bei Jugendveranstaltungen, weil mein Thema viele junge Menschen anspricht, aber auch Interviewanfragen für das Fernsehen, wie zum Beispiel für „Bibel TV", erreichen mich.

Wenn ich mit Josef unterwegs bin, tue ich das ehrenamtlich. Was auch immer die Veranstalter uns geben, fließt in die Kasse der Stiftung „Jesus saved my life". Ab und zu habe ich Geschenke angenommen, zum Beispiel kleine Aufmerksamkeiten für meine Kinder zu Weihnachten. Aber ansonsten habe ich daran nichts verdient.

Kurz bevor unser letzter Pastor starb, kam er mit mir darüber ins Gespräch. Er war derjenige, der mich getauft und all die Jahre in unserer Gemeinde begleitet hatte, der für uns alle wie ein geistlicher Vater war. Nun mahnte er mich: „Kriegst du auch etwas für deine Vorträge? Du investierst doch so viel Zeit und Energie für die Menschen. Denk' dran: Auch du musst von etwas leben!" Das hat mir zu denken gegeben. Bisher hatte ich weniger an das Geldverdienen, sondern mehr darüber nachgedacht, wie ich Gottes Wort zu den Menschen bringen konnte. Christliche Vortragsreisen werden häufig über Spenden von Gemeindemitgliedern finanziert, die weniger Zeit, aber dafür Geld geben können. So kann jeder auf seine Weise helfen. Und so kam ich bisher immer problemlos von A nach B.

Doch ich merke, dass ich auch hier unabhängig, beziehungsweise selbstständig sein und klare Abmachungen treffen möchte. Auch das gehört zu meiner persönlichen Entwicklung und meinem Selbstwertgefühl dazu. Mein Einsatz ist auch in der Welt etwas wert, nicht nur vor Gott. Ich investiere Zeit und Energie, da hatte mein Pastor recht, die ich sonst für meine Kinder oder anderes aufwenden würde. Außerdem trage ich eine große Verantwortung mit dem, was ich tue. Also ist es gerechtfertigt, dass ich damit Geld verdiene.

Ich verknüpfe nun meine große Leidenschaft, mein Leben in den Dienst von Jesus zu stellen, damit, meinen Lebensunterhalt zu verdienen. Ich merke, wie gut es sich anfühlt, das eigene Geld zu verdienen, mit für die Familie zu sorgen und etwas beizutragen, abgesehen von meinem menschlichen und mütterlichen Einsatz. Wie oft habe ich das gehört: „Vier Kinder? Ist das heutzutage nicht unverantwortlich? Sind die überhaupt von einem Vater?" Auch wenn diese unangebrachten vorverurteilenden Bemerkungen sich eigentlich verbieten und mir egal sein sollten, merke ich doch, dass es mich freut, meinen Stand in der Gesellschaft auch über meinen finanziellen Beitrag zu festigen. Jetzt kann mir niemand mehr blöd kommen.

Meine Finanzen in geregelte Bahnen zu leiten, fühlt sich super an. Finanzamt, Steuernummer, Steuererklärung? Das waren lange Zeit Wörter ohne Bedeutung für mich. Seit ich als freie Rednerin und Evangelistin unterwegs bin und Honorare erhalte, muss ich mich damit auseinandersetzen. Es ist mir heute ganz wichtig, dass alles in bester Ordnung und transparent ist, dass ich gewissenhaft an alles herangehe, auch an die Finanzen. Und gerade, wenn man von Jesus erzählt, darf man keine dunklen Sachen machen oder etwas im Verborgenen halten. Was ich heute anfasse, muss Hand und Fuß haben. Auch dieser Teil meines Lebens soll mit meinem christlichen Werteverständnis in Einklang sein. Durcheinander kann ich nicht mehr ertragen. So habe ich auch den letzten Bereich meines Lebens, der noch in Unordnung war, geordnet.

Auch wenn ich nun für meine Auftritte Honorare erhalte, so bleibe ich weiterhin in erster Linie meinem christlichen Engagement verpflichtet. Jeder Mensch soll die Möglichkeit haben, von Gott zu hören. Und es geht auch nicht um Leistung an erster Stelle. Ich bekomme keinen besseren Platz im Himmel, wenn ich zwei oder drei Menschen mehr für Gott gewinnen konnte. Gott liebt mich deshalb nicht mehr oder weniger. Aber ich liebe meinen Beruf jeden Tag mehr. Und ich arbeite auch auf keinen Ruhestand hin, denn bei Gott gibt es keine Rente. Ich werde so lange als Evangelistin tätig sein, wie es mir möglich ist.

Ich bin gespannt, was die Zukunft beruflich noch zu bieten hat. Was Gott wohl noch mit mir vorhat? Meinen Traumberuf habe ich schon. Aber vielleicht schickt er mich ja eines Tages auf eine lange Missionsreise rund um die Erde. Wer weiß?

Meine Kirche der Zukunft

Als ich anfing in das Christuszentrum zum Gottesdienst zu gehen, fühlte ich mich von Anfang an wohl. Ich spürte dort nicht den Zwang, wie ich ihn von den Zeugen Jehovas kannte, wo ich stundenlang still in einer Bank sitzen musste, oder wie in der katholischen Kirche, wo meine Großeltern die Rituale gewissenhaft abgespult hatten. Im Christuszentrum hatte ich das Gefühl ganz frei zu sein. Ich konnte stehen, wenn ich wollte, hinausgehen, wann ich wollte, lautstark mitsingen oder eben schweigen. Ich wurde zur Begrüßung herzlich umarmt. Ich war sofort willkommen. Das hat mich am Anfang immer etwas verwundert. So etwas gibt es also auch. Eine Kirche, die mich nicht einengt, die mir nicht jede Kleinigkeit vorschreibt. Sondern eine Kirche, eine Gemeinde, die mich sein lässt, wie ich bin. Keiner hat mich schräg angeschaut, weil ich gepierct bin oder Tattoos habe.

Das heißt aber nicht, dass es keinen Rahmen gäbe, keine Struktur, keine verbindlichen Regeln. Unsere Kirche, die seit 2018 „XHope – Deine Kirche“ heißt, fußt auf den biblischen Werten. Gott ist unser Mittelpunkt. Natürlich geht es auch um uns Menschen. Aber wir sind nicht darauf erpicht, möglichst viele Mitglieder anzuwerben, zu missionieren. Wichtig ist für uns vor allem,

Leuten, die hoffnungslos sind, zu helfen, damit sie wieder Hoffnung schöpfen können.

Wir gehen zwar mit unseren Evangelisations-Teams auf die Straße, um Menschen auf Jesus aufmerksam zu machen und verlorenen Menschen zu zeigen, dass sie in ihm Halt finden können. Unsere Türen sind offen für alle. Und ja, wir haben von Gott den Auftrag, seine frohe Botschaft in die Welt zu tragen. Aber wir leiten unseren Wert in der Gemeinde oder vor Gott nicht davon ab, wie viele neue Mitglieder wir finden können. Dennoch ist es immer ein tolles Gefühl, wenn wir als Gruppe öffentlich von Gott erzählen und singen und sich Passanten davon angesprochen fühlen.

Immer freitags und samstags treffen sich etwa 15 bis 20 Gemeindemitglieder in der Stadtmitte von München und singen Lobpreis. Das zieht viele magisch an. Nicht selten öffnen sich Menschen dort direkt vor Ort für unsere Botschaft und kommen ab da zu unseren Gottesdiensten.

Besonders wichtig ist, dass wir eine Freikirche sind. Niemand wird bei uns automatisch Mitglied, sondern nur, wer sich bewusst dafür entscheidet. Es geht auch nicht darum, dass der Nachbar sieht, wie fromm wir sind.

Wir sind zwar eine Gemeinde und eine große Familie, aber unsere Struktur ist auch kleinteilig. Unter der Woche treffen wir uns in Hauskreisen, in Kleingruppen. Wir wollen allen ein Gefühl von Zugehörigkeit vermitteln. Wenn eine Gemeinde wächst, könnte sie mit der Zeit für manchen anonym werden. Das wollen wir vermeiden.

Unsere Kirche besteht inzwischen aus etwa 250 Mitgliedern mit einer Altersstruktur von 1 bis über 80. Sie wird von Teams geleitet und organisiert. Frauen und Männer sind gleichberechtigt. Wir haben eine Pastorenstelle, aber unser Pastor ist nicht der, der die Entscheidungen allein trifft. Ein Leitungsteam mit fünf Mitgliedern hat die Verantwortung der letzten Entscheidungen. Teil dessen ist auch Dave, der seine Theologie-Ausbildung beendet hat und nun die Ausbildung zum Pastor macht.

Neben dem Leitungsteam tragen Vertreter anderer Teams aus der Gemeinde die Entscheidungsverantwortung. Zwar wäre es schwierig, wenn alle Mitglieder aktiv mitentscheiden würden, aber wir sind als Gemeinde alle gefragt, an der Entscheidung mitzuwirken, zum Beispiel beim gemeinsamen Gebet für eine richtige Entscheidung.

Die Gemeinde stützt sich auf das freiwillige Engagement der Mitglieder. Es gibt Teams für die diversen Aufgaben: Gebärdensprache, Kinderdienst, Lobpreis, Security, Catering, Technik, Finanzen, Welcome, Ordner, Seelsorge, Heilung, Jugend und so weiter.

Alle Angelegenheiten der Gemeinde sind für alle Mitglieder komplett transparent. Einmal im Monat haben Gemeindemitglieder die Möglichkeit, sich bei einem Treffen – „We are family“ – über den Stand der Finanzen einen Überblick zu verschaffen. Was wurde wofür ausgegeben? Welche Spenden sind geflossen? Wie hoch war die Kollekte?

Unsere Kirche finanziert sich über das biblische Prinzip des Zehnten. Das bedeutet, dass wir es angebracht finden, wenn jedes Mitglied ein Zehntel seines Einkommens an die Kirche abgibt, damit alle Ausgaben bezahlt werden können. Allerdings findet hier keine Kontrolle statt. Manche spenden per Paypal, andere werfen ein Kuvert mit Bargeld in die Kollekte beim Gottesdienst, andere überweisen ihren Beitrag. Manche spenden anonym, andere bekommen eine Spendenquittung mit Namen.

Gerade bei größeren Investitionen ist mir diese Transparenz besonders wichtig. Unser Pastor, der leider dieses Jahr verstorben ist, hatte schon vor Jahren die Vision von einer großen Gottesdienst-Halle für über 400 Menschen. Viele Gemeindemitglieder standen dem Projekt kritisch gegenüber. Würden wir uns damit nicht finanziell übernehmen? Doch unser Pastor hielt an seiner Vision fest und beauftragte den großzügigen Anbau an das bestehende, deutlich kleinere Gebäude der Gemeinde. Allerdings gab es wirklich schwierige Phasen, in denen unklar war, wie es weitergehen sollte, weil das nötige Geld fehlte.

Doch im letzten Moment gab es plötzlich eine anonyme Spende, sodass der Bau fertiggestellt werden konnte. Die alte Halle dient nunmehr als Foyer und die Gottesdienste finden in der neuen Halle statt. Den Platz brauchen wir für unsere rasant wachsende Gemeinde nun auch dringend. Was vor dreißig Jahren mit einem christlichen Hauskreis in einem Wohnzimmer begann, ist so sehr gewachsen. Obwohl wir nicht aktiv für unsere Gemeinde missionieren, kommen immer wieder Menschen vorbei und finden ihren Weg zu uns und zu Gott.

Mit Dave gehe ich immer wieder spontan mit dem Evangelisations-Team in Fußgängerzonen, um Menschen für Jesus „zu fischen“. Aber wir sprechen Menschen nicht an, damit sie Mitglied in unserer Gemeinde werden. Sie sollen einfach Jesus kennenlernen. Und wenn sie am anderen Ende von München oder Augsburg oder wo auch immer wohnen, dann sagen wir immer, dass sie sich am besten in ihrer nächsten Umgebung eine Gemeinde suchen sollen.

Sonntags ist unsere Kirche immer gut besucht. Ein typischer Sonntag beginnt für uns Gemeindemitglieder nämlich mit einem Gottesdienst. Wer sich für einen Dienst eingetragen hat, trifft sich um neun Uhr zu einem Vorgebet, bei dem wir uns auf unsere Aufgaben einstimmen. Eine Viertelstunde später gehen wir alle auf unsere Positionen, denn nun kommen die ersten Gemeindemitglieder. Das Welcome-Team begrüßt sie und zeigt neuen Leuten die Räumlichkeiten. Eine Viertelstunde vor Beginn des Gottesdienstes werden die Türen zur Halle geöffnet. Wir nehmen Platz oder bringen unsere Kinder noch zum Kindergottesdienst, wo sie altersgerecht die Inhalte des Gottesdienstes vermittelt bekommen.

Danach singen wir erst einmal zu Gottes Lob. Meist wird die Gemeinde von Musikern auf der Gitarre, dem Keyboard, dem Schlagzeug oder am Bass begleitet. Wer will, steht auf, schwingt mit der Melodie mit oder erhebt die Arme. Manche von uns gehen auch in die Knie, wenn sie sich danach fühlen. Niemand muss bei uns still sitzen. Im Gegenteil. Auch ich stehe meist und strecke meine Arme Richtung Himmel. Manchmal lege ich auch eine Hand aufs Herz. Ich singe leise oder laut, je nachdem wie es sich an dem Tag richtig für mich anfühlt. Wenn ich auf Gott schaue, vergesse ich alles um mich herum. Wenn Michael keinen Ordnerdienst übernommen hat, stehen wir nebeneinander und halten unsere Hände und beten noch enger zusammen.

Nach etwa drei Liedern Lobpreis folgt die Predigt. Wer predigt, wird im Vorfeld vom Leitungsteam festgelegt. Jeden Monat gibt es ein anderes Thema, zu dem vier Sonntage lang aus unterschiedlichen Blickwinkeln gepredigt wird. Aber es ist nie die gleiche Person, auch nicht meistens der Pastor. Die Predigt dauert fast eine

Stunde. Aber es handelt sich dabei um keine langweilige Rede, bei der man fast einschläft. Unsere Predigten sind sehr persönlich und immer sehr inspirierend. Ich mache mir sogar oft Notizen und lese später bestimmte Bibelstellen nach. Auf jeden Fall nehme ich von jeder Predigt etwas für mein eigenes Leben mit, das mich weiterbringt.

Zum Abschluss des Gottesdienstes singen wir nochmal und dann folgt der gemütliche Teil: Kaffee und Kuchen. Wie alles wird auch dieser Teil von Gemeindemitgliedern vorbereitet, dem Catering-Team.

Jeder bleibt so lange er will. Ich liebe diese Zeit nach dem Gottesdienst, wenn wir alle miteinander reden und uns austauschen. Ich empfinde dann so ein warmes Zusammengehörigkeitsgefühl. Ich glaube, das tut uns allen immer sehr gut. Niemand ist bei uns allein. Und es ist immer etwas los, seien es Familiengottesdienste gemeinsam mit unseren Kindern, unser regelmäßig stattfindender Lobpreisabend „Open Heaven", bei dem wir gemeinsam stundenlang beten und singen, der Heilungsabend mit Abendmahl, der Kinderkleiderbasar oder Gemeindefeste, zu denen jeder eingeladen ist.

...

Wir legen auch viel Wert darauf, dass die Kinder und Jugendlichen gut betreut werden und altersgerechte Angebote bekommen, denn sie sind ja unsere Zukunft und deshalb besonders wichtig. Sie sollen sich nicht langweilen. Wir wollen stattdessen ihr Interesse wecken. Wir gehen mit der Zeit.

Parallel zum Erwachsenen-Gottesdienst gibt es deshalb nicht nur einen Kindergottesdienst, sondern auch ein Angebot für

Jugendliche: „Cross-over". Und wenn die Eltern nach dem Gottesdienst quatschen, ziehen sie sich in ihren eigenen Raum im Untergeschoss zurück, wo sie niemand stört. Hier gibt es sogar einen Billardtisch und Konsolen.

Was mir bei uns auch besonders gefällt, ist, dass die Kinder so gefördert und spielerisch an die biblischen Inhalte herangeführt werden. Ganz anders als ich früher als Kind, als ich herausgeputzt mit meinen Eltern zu den Versammlungen der Zeugen Jehovas gehen musste, lieben es meine Kinder, sonntags in die Kirche zu gehen. Sie meckern sogar, wenn es ausnahmsweise einmal nicht geht. Das zeigt mir erst recht, dass wir am richtigen Ort sind.

Sosehr wir auch mit der Zeit gehen, gibt es doch den ein oder anderen Trend, den wir nicht mitmachen möchten. Bei uns wird zum Beispiel kein Halloween gefeiert, weil wir das Fest mit unguten Energien in Verbindung bringen. Unser Alternativ-Programm heißt: „Hello Light" – Tanz im Schwarzlicht, gemeinsames Kochen, Übernachtungsparty.

Übrigens gibt es für unsere Kinder auch keinen Weihnachtsmann, der die Geschenke bringt. Wir sagen ganz klar: Keine Lügen für die Kleinen. Es gibt das Christkind und das ist Jesus. Und die Geschenke kaufen die Eltern zur Feier des Tages.

Wir haben auch eine Art Pfadfinder-Gruppe, die Royal Rangers, die sich regelmäßig trifft und vor allem etwas draußen in der Natur unternimmt.

Unsere Gemeinde wächst. Wir wollen nun auch einen neuen Standort in unserem Wohnort gründen. Unser Hauskreis, der jeden Donnerstag bei uns zu Hause stattfindet, und bei dem wir über wichtige Themen diskutieren und gemeinsam singen und beten, könnte die Basis dafür sein. Wir beten regelmäßig für das, was Gott nun mit uns hier vorhat. Aber ich bin mir sicher, dass ich nicht dem Leitungsteam angehören möchte. Mein Platz ist draußen bei den Menschen auf der Straße. Dort, wo ich auch war: verloren und orientierungslos.

Ich will Jesus voll und ganz nachfolgen. Ich lasse mich von Gott leiten. Es ist ein großes Abenteuer, eine Kirche der Zukunft mit aufzubauen. Jeder von uns hat eine spezielle Begabung, mit der er sich einbringen kann. Für jeden ist etwas dabei. Zusammen sind wir die Kirche, der Leib Christi, wie die Bibel das nennt.

Unsere Kirche bedeutet mir alles. Sie gibt mir den Halt, den ich früher so vermisst habe. Sie ist Zufluchtsort. Dort bekomme ich Ermutigung für alle Herausforderungen des Lebens.

In unserer Gemeinde wird nicht an den Schwächen der Einzelnen herumgekrittelt. Wir werden dort als Menschen gesehen, deren Fähigkeiten es gilt zu stärken. Jeder Einzelne ist wichtig.

...

In meiner Vision von einer Kirche der Zukunft, egal ob in meiner Gemeinde oder anderswo, sollten alle Menschen einen Platz finden. Ich setze mich dafür ein, dass gerade Menschen mit Depressionen und Suchtkrankheiten seelsorgerische Unterstützung erhalten, dass sie sich getragen fühlen. In meiner Kirche der Zukunft wird niemand verurteilt, sondern erhält einen Platz in der

Gemeinschaft, wo er sich in einen Prozess der Veränderung begeben kann, hin zu der wahren Identität in Jesus, hin zu Heilung, Freiheit und Frieden.

Wo mein Platz in der Kirche der Zukunft ist, weiß ich noch nicht. Aber ich bin sicher, Gott wird mir zur rechten Zeit das ins Herz legen, was ich wissen muss. So wie er es bisher immer getan hat.

Meine erste Predigt

Es war der 10. Juli 2022 – fünf Jahre nach meiner Bekehrung, fünf Jahre Geburtstag in Gott. Doch nach Feiern war mir eigentlich gar nicht zumute.

Die pralle Sonne knallte schon frühmorgens durch unser Badezimmerfenster, worüber ich mich sonst freute. Aber heute wollte ich diese Helligkeit nicht. Ich sah mich im Spiegel an. Noch etwas verknittert von der Nacht. Es war sechs Uhr morgens. Ein Sonntag. Noch vier Stunden, bis ich zum ersten Mal in meinem Leben in einem Gottesdienst allein predigen würde. Es war mir flau im Magen, und alles in mir sträubte sich heute dagegen, vor andere zu treten und zu sprechen. Ach komm, Sara, stell dich nicht so an! Es ist doch nur ein Gottesdienst in der Micro-Church, dem erweiterten Hauskreis bei uns zu Hause!, fing ich an, mit mir selbst zu diskutieren.

Es würden etwa 25 Menschen da sein. Alle würden ihre Augen auf mich richten, genau zuhören, was ich zu sagen hatte. Ich hatte mein Manuskript unzählige Male durchgelesen, doch jetzt, als ich mich noch einmal daran erinnern wollte, was ich mir vorgenommen hatte zu sagen, ging gar nichts mehr. Einfach blank! Null.

Mir zitterte die Hand, als ich den Lidschatten und die Wimperntusche auftrug. Gerade da stürmte meine jüngste Tochter ins

Bad. Ich erschrak und verfehlte knapp das Auge. Ich war genervt. Jetzt musste ich mir mühselig den schwarzen Mascara von meiner Wange entfernen. Ich hatte doch eigentlich überhaupt keine Zeit für Extras heute Morgen. Auch die anderen Kinder schwirrten nun schon überall herum. Jedes wollte irgendetwas von mir. Ich war maximal gestresst.

Als ich mein Äußeres, endlich fertig geschminkt, noch einmal checkte, erinnerte ich mich bewusst daran, dass ich mich nicht herrichte, um jemand anderem zu gefallen oder um mich aufzuwerten. Sondern deshalb, weil es mir einfach gefällt, es mir Spaß macht und weil ich mir selbst gegenüber Wertschätzung entgegenbringe, indem ich sorgsam mit mir umgehe und das für mich Beste aus mir heraushole. Und das ist vollkommen in Ordnung.

So, nun musste ich aber loslegen: Gemeinsam mit Michael und Dave musste ich unser Wohnzimmer so herrichten, dass unsere Gäste genug Platz hatten. Also: aufräumen, Sofas zur Seite schieben, Esstisch ins Schlafzimmer bringen, Klappstühle vom Speicher holen, Beamer auf der Galerie aufstellen, Soundanlage anschließen, Soundcheck durchführen. Und frühstücken wäre auch nicht schlecht. Ach so, und die Kinder fertig machen.

Okay, anziehen: schwarze enge Hose, schwarzes Spaghettiträger-Top, damit das Jesus-Tattoo deutlich sichtbar ist. Zwei Spritzer Parfüm auf den Hals. So fühle ich mich immer am wohlsten. In meinen schwarzen Plateau-Hausschuh-Schlappen fegte ich durch die Wohnung. Es war noch so viel zu tun und die Zeit war knapp.

Dave hatte in letzter Zeit so viele Dienste in unserer Micro-Church übernommen, von der Begleitung des Lobpreises auf der Gitarre über die Moderation bis hin zur Predigt. Eines Tages saß er ganz erschöpft bei uns auf dem Sofa. Da kam ihm wohl eine Idee: „Sara, hättest du Lust einmal zu predigen?“, überraschte er mich. „Ich? Bist du dir da sicher?“ Dave war voller Zuversicht. Auch wenn ich Bedenken hatte, sagte ich noch im selben Moment zu. Ich wurde ja gebraucht. Und öffentlich zu sprechen kannte ich von meinen Auftritten mit Josef. Ich machte mir also keine allzu großen Gedanken. Das wird schon klappen, dachte ich mir mutig.

Aber genau an diesem Sonntag ging es mir einfach überhaupt nicht gut. Sowohl körperlich als auch seelisch. Das hatte gar keinen offensichtlichen Grund.

Als ich meinen Predigttext vorbereitete, war mir auch klar geworden, dass es eine ganz andere Herausforderung war, über ein bestimmtes Thema zu referieren, dazu die passenden Bibelstellen zu finden und aus beidem einen schlüssigen und flüssigen Text zu verfassen, als frei von seinem Leben und seinen Erfahrungen zu erzählen. Ich hatte große Zweifel, ob ich dieser Aufgabe gerecht werden konnte. Ich war mega aufgeregt.

Ich stahl mir einen Moment, ging ins Schlafzimmer und las mir noch mal den Predigttext durch, dessen wichtigste Stellen ich mit einem Marker unterstrichen hatte. Es war, als könnte ich mir kein einziges Wort merken. Der Text verschwamm vor meinen Augen.

Ich hörte, wie es draußen unruhig wurde. Die ersten Gemeindemitglieder trafen ein. Gerade, wenn ich etwas Wichtiges vor mir habe, brauche ich immer absolute Ruhe, damit ich mich auf mich selbst konzentrieren kann. Ich ziehe mich dann zurück und möchte mit niemandem sprechen. Da Dave heute aber Geburtstag hatte und viele Mitglieder Geschenke mitbrachten, kam ständig jemand herein, um etwas auf dem Tisch abzulegen. Jeder wollte mich natürlich auch herzlich begrüßen und kurz reden. Das war mir überhaupt nicht recht. Das Gewusel um mich herum machte mich nur noch nervöser. Wie sollte ich das nur schaffen?! – Jetzt wusste ich wieder genau, warum ich auf keinen Fall Pastorin werden wollte.

Es war mir unbegreiflich, warum dieser Tag sich so schrecklich anfühlte. Denn eigentlich lief doch alles ganz gut. Und ich würde doch in einem geschützten Raum vor Menschen sprechen, die mir allesamt wohlgesonnen waren. Mir konnte doch eigentlich nichts Besseres passieren! Und dennoch: Wäre da ein Loch im Boden gewesen, ich wäre am liebsten hineingesprungen. War es der Satan, der mich verunsicherte? Oder die alten Gefühle, nicht wertvoll, nicht fähig, nicht gut genug zu sein? Oder war das nicht beides dasselbe?

Wie früher wäre ich am liebsten weggerannt, hätte alles hingeschmissen, wenn es schwierig oder anstrengend wurde. Doch dann erinnerte ich mich daran, dass ich ja schon einmal Anfang des Jahres kurz gemeinsam mit unserem Pastor Heinz predigen durfte. „Driven by Love" war damals das Thema – mutig zu sein, bereit zu sein, aus der Liebe heraus von Jesus zu sprechen. Davon handelte Heinz' letzte Predigt vor seinem Tod.

In einer anderen Situation, als es mir nach meiner letzten Fehlgeburt so schlecht ging und ich verweint im Gottesdienst saß, war er zu mir gekommen und hatte mich in den Arm genommen. Ich höre noch seine Stimme: „Komm Kind, steh auf! Hol dir ein ermutigendes Wort!" Während ich mich daran erinnerte, wurde mir klar, dass heute vielleicht jemand anderes sich von *mir* ein ermutigendes Wort holen wollte. Ich hatte nun den Stab in der Hand. Ich war dran. Zu kneifen war also keine Option mehr. Ich musste – und wollte – es jetzt durchziehen.

...

Langsam fuhren die Rollos vor den Fenstern per Knopfdruck herunter. Es wurde angenehm dunkel in unserer Wohnzimmer-Kirche. Als einziges Licht strahlte der Beamer das Wort „Beautiful" an die Wand. Die Gäste hatten sich nach den drei Lobpreisliedern, die alle laut mitgesungen hatten, wieder gesetzt. Es war ganz still geworden. Ich nahm das Mikro in die Hand, wieder etwas zitternd, und ging nach vorne. Ich musste mich mehrfach räuspern, denn mein Hals wollte sich erst nicht öffnen. Mein Herz raste. Fast stotternd betete ich: „Jesus, dir gebührt alle Ehre. Berühre du durch meine Worte die Herzen der hier versammelten Menschen. Nur du kennst ihr Inneres und weißt, was sie heute brauchen."

Beautiful

„Schön" ist zunächst einmal ein Eigenschaftswort. Schön. Was ist eigentlich schön? Man kann Schönes sehen, Schönes hören, Schönes fühlen, Schönes denken. Schönheit ist zunächst ein Eindruck, der entsteht, wenn Menschen andere oder anderes bewerten. Schönheit bedeutet letztlich Attraktivität. Attraktiv zu sein, bedeutet anziehend für andere zu sein.

Wie definiert man im Allgemeinen die Begriffe „Attraktivität" oder „Schönheit?" Etwas oder jemand kann anziehend sein durch besondere Vorteile, zum Beispiel attraktive Löhne, angenehme Arbeitsbedingungen, wichtige Berufe, ein schickes Auto, ein modernes Haus, viel Geld etc. Oder jemand ist anziehend aufgrund eines ansprechenden Äußeren, hübsch und voller Reiz.

Attraktivität ist die Anziehungskraft. Auf Menschen bezogen kann sie sowohl auf äußerlichen Aspekten als auch auf Wesenseigenschaften oder auf Materiellem beruhen.

Wir sehen schon, dass all diese Dinge in der Gesellschaft wichtig sind, aber vergänglich. Und was ist, wenn wir mit dieser weltlichen Sicht oder dem Denken über Attraktivität nicht mithalten können?

Es gibt jemanden, der ganz andere Schönheitsideale hat. Ihm geht es nicht darum, wie deine Fassade aussieht.

Gott liebt Schönheit. Da brauchen wir uns nur mal die Schöpfung anzuschauen, uns Menschen oder die Tiere und die Pflanzen. Jedes kleinste Detail ist perfekt gemacht. Und doch geht es Gott um mehr als um die perfekte Figur oder um schöne Haare. Die von Gott gewollte Schönheit geht viel tiefer, als es uns von Hollywood oder auf den Social-Media-Plattformen vorgemacht wird. Als Gott die Schönheit erfunden hat (ja, auch dich und mich), hatte er mit Sicherheit keine Gewichtstabelle, kein Botox und auch kein Silikon am Start.

Bekanntlich, so sagt man, kommt wahre Schönheit auch von innen. Gemeint ist ein schönes Wesen, beziehungsweise schöne Charaktereigenschaften. Das bedeutet, dass jemand mehr zu bieten hat als eine hübsche Fassade.

Ein Blick in die Bibel zeigt uns, wie Gott Schönheit definiert und wie man zu unvergänglicher Schönheit gelangen kann:

Punkt 1: Die Sinne auf Höheres ausrichten

Laut der Bibel ist eine Frau wirklich schön, wenn sie Werte hat und danach lebt.

Sprüche 31,30 (Hfa): „Anmut kann täuschen und Schönheit vergeht, doch wenn eine Frau Ehrfurcht vor dem Herrn hat, dann verdient sie das höchste Lob." Ehrfurcht bedeutet auch, auf Gott zu hören. Also lasst uns bewusst Zeit nehmen, um zu hören, was Gott über uns denkt.

Punkt 2: Die Freude

Schönheit kommt auch von einer positiven Einstellung zum Leben. Vergiss niemals, wie viel Gutes Gott in deinem Leben getan hat. Gott hat auch einen genialen Plan für deine Zukunft. Sei gespannt und freue dich auf das, was da noch kommt.

Auch in stürmischen Zeiten stärkt er dich und ist bei dir. Danke Gott mehrmals täglich für das Gute, das du erlebst. Freue dich über den Herrn, wie uns in Nehemia 8,10 gesagt wird: „Die Freude am Herrn ist eure Stärke." Ja, das ist wahre Stärke und das nicht, weil du vielleicht 100 Kilogramm auf der Hantelbank stemmen kannst.

Punkt 3: Außergewöhnliche Garderobe

Innere Schönheit ist voller Leidenschaft für das Gute und für den Nächsten. Der Kolosserbrief 3,12-14 bringt es auf den Punkt: „So zieht nun an als die Auserwählten Gottes, als die Heiligen und Geliebten, herzliches Erbarmen, Freundlichkeit, Demut, Sanftmut, Geduld; und ertrage einer den andern und vergebt euch untereinander [...]! Über alles aber zieht an die Liebe, die da ist das Band der Vollkommenheit."

Lasst uns wirklich jeden Tag ganz bewusst diese außergewöhnliche Garderobe anziehen. In Epheser 4,24 (Hfa) heißt es: „Zieht das neue Leben an, wie ihr neue Kleider anzieht. Ihr seid nun zu neuen Menschen geworden, die Gott selbst nach seinem Bild geschaffen hat. Jeder soll erkennen, dass ihr jetzt zu Gott gehört und so lebt, wie es ihm gefällt."

Lasst uns einen Unterschied machen und ein Licht in dieser Welt sein! Vergeben wir den Menschen, die uns unrecht getan haben! Und vergeben wir uns selbst! Denn Jesus hat uns bereits vergeben und er hat uns diese außergewöhnliche Garderobe geschenkt.

Lasst uns festlich gekleidet in ein Leben voller Freiheit gehen!

Punkt 4: Wer sind wir in Gottes Augen

Wer wirklich verinnerlicht, dass er großartig erschaffen ist, wird ein anderes Selbstbewusstsein haben. Du bist wertvoll. Das hat Gott bewiesen, als er seinen Sohn für uns gegeben hat. Und er gibt dir deinen Wert, egal ob du dem weltlichen Schönheitsideal entsprichst oder nicht. Du bist ein absolut geniales Meisterwerk des Schöpfers. Er nennt dich sein „Kind" und du darfst ihn „Vater" nennen. Du bist ein Original. Lass das in deiner Seele wirken.

Psalm 139,13-14 (Hfa): „Du hast mich mit meinem Innersten geschaffen, im Leib meiner Mutter hast du mich gebildet. Herr, ich danke dir dafür, dass du mich so wunderbar und großartig gemacht hast. Großartig ist alles, was du geschaffen hast. Das erkenne ich."

Es gibt acht Milliarden Menschen auf der Erde. Und jetzt stell dir mal vor, wie kreativ Gott ist, dass er so viele Menschen völlig unterschiedlich gestaltet hat. Jeder Einzelne ist einzigartig und wunderschön. Ich kann nur staunen.

Punkt 5: Hoffnung für alle
Es ist sehr leicht, schlecht über andere zu reden, noch dazu ist es auch hässlich. Trösten wir lieber und ermutigen wir Menschen. Denn das gefällt Gott.

Epheser 4,29 (Hfa): „Redet nicht schlecht voneinander, sondern habt ein gutes Wort für jeden, der es braucht. Was ihr sagt, soll hilfreich und ermutigend sein, eine Wohltat für alle."

Werden wir zu Menschen, die sich echt für andere interessieren – machen wir einen Unterschied. Bitten wir Gott um Weisheit, damit wir zur richtigen Zeit die passenden Worte parat haben.

...

Kaum hatte ich die letzten Worte meiner Predigt gesprochen, verließ ich den Raum und verkroch mich im Kinderzimmer. Ich brach weinend zusammen. „Ich hab's versemmelt!", schluchzte ich leise vor mich hin. Die Anspannung verschwand, aber dafür machte ich mir selbst Vorwürfe: Ich hatte doch eigentlich nur gestammelt und den Text abgelesen. Die Zuhörerinnen und Zuhörer anzusehen und frei zu sprechen, war mir nicht gelungen. Zu sehr hatte ich mich an mein Manuskript geklammert.

Ich traute mich gar nicht mehr aus dem Zimmer. Aber mich hier den Rest des Tages zu verstecken, war auch keine Option. Schließlich wollten wir ja auch noch alle gemeinsam nach dem Gottesdienst im Hof grillen. Ich musste mich also wieder zeigen. Ich schlich mich kurz ins Bad, um meine Schminke zu richten.

„Gut gemacht!", „Was für eine schöne Predigt!", „He, Sara, das war toll!" – Als ich das Wohnzimmer betrat, wurde ich umarmt, angelächelt und beglückwünscht. Alle schienen zufrieden und happy zu sein. Wie bitte? Ich traute meinen Ohren nicht. Ich sollte es tatsächlich gut gemacht haben? Dieses Lob stimmte so gar nicht mit meiner eigenen Wahrnehmung überein, dass es mir äußerst schwerfiel es anzunehmen. Die negativen Gedanken wollten eine ganze Zeit lang nicht weichen. Auch Tage später trug ich immer noch ein ungutes Gefühl deswegen mit mir herum. Es ließ mir keine Ruhe.

Wir nehmen alle Predigten auf, also konnte ich mir meine Predigt im Nachhinein noch einmal anhören. Und da staunte ich selbst: Es war völlig in Ordnung gewesen. Es war okay so, wie es war. Ich konnte es ja jetzt selbst hören und sehen: Es war vielleicht nicht die beste Predigt aller Zeiten gewesen, okay, aber ich hatte absolut keinen Grund gehabt, mich in solche Selbstzweifel zu stürzen. Dave hatte mich schon gleich nach dem Gottesdienst getröstet, als er merkte, wie schlecht ich drauf war: „Du weißt doch, dass derjenige, der auf der Bühne spricht, eine andere Wahrnehmung hat als die Zuhörer!“ Ja, ich weiß das eigentlich.

Also: Eine Riesen-Aufregung um nichts? Nein! Ich weiß heute, dass diese Predigt ein Meilenstein in meinem Leben war. Mit ihr hat sich ein Kreis geschlossen. Sie hat mich auf eine andere Entwicklungsstufe gehoben. Und jede Neugeburt ist mit Schmerzen verbunden. Auch Kinder fallen nach einem neuen Entwicklungsschritt oft für kurze Zeit in Regression zurück, suchen Versicherung und Schutz im Altbekannten und Vertrauten. Kein Wunder also, dass ich mich nach der Predigt ins Kinderzimmer geflüchtet habe.

Im Nachhinein ist mir klar geworden, dass mich nicht die Tatsache gestresst hat, dass ich vor anderen sprechen sollte, oder die

Predigt etwa „versemmeln" könnte. Das war nur die Oberfläche, der greifbare Vorwand sozusagen. Es ging tatsächlich um etwas ganz anderes. Es ging um den Inhalt. Ich berührte damit den Kern meines Lebens, meiner Wahrheit, meiner tiefsten Verunsicherung. Ich habe mich mit dieser Predigt so sehr geöffnet wie nie. Und gleichzeitig mir selbst eingestanden, dass die alte Zeit nun endgültig vorbei ist.

Aber ich musste noch einmal dorthin gehen, an diesen schmerzhaften Ort der Erinnerung: Wie lange hatte ich versucht, über mein Äußeres das zu kompensieren, was mir doch im Inneren fehlte?! Wie lange konnte ich keine Freude empfinden?! Wie lange war ich hoffnungslos?! Wie lange hatte ich mich wertlos gefühlt?! Wie lange hatte ich mich nach einer wirklich außergewöhnlichen „Garderobe" gesehnt?! Wie lange hatte ich keine „höheren Werte"?!

Mein Schönheitswahn war eigentlich nur ein Ausdruck meiner Hilflosigkeit gewesen. Die Hülle sollte mich für andere wertvoll erscheinen lassen. Sie sollte Idealen entsprechen, die andere vorgegeben hatten. Dafür habe ich viele Opfer in Kauf genommen, weil ich es damals nicht besser wusste. Ich habe meinen Körper mit Drogen betäubt und beschädigt, meinen Geist vernebelt, meine Seele beschnitten, meine Gesundheit aufs Spiel gesetzt. Alles nur, weil ich leer war und nicht wusste, dass mir etwas anderes als das Erfüllung schenken könnte.

Meine erste Predigt war so schmerzlich für mich, weil ich mir selbst vor Augen führte, wie sehr ich doch gelitten hatte, welche Irrwege ich gegangen war.

Wie immer gilt: Es ist unsere eigene Entscheidung, ob wir eine Herausforderung annehmen, uns überwinden und daran dann wachsen und gestärkt weitergehen. Oder ob wir uns drücken und da stehen bleiben, wo wir sind.

Als ich Gott rief und er sich mir zeigte, habe ich all meinen Willen, all meine Kraft zusammengenommen und bin ihm gefolgt. Ich habe mich von Menschen getrennt, die mir nicht guttaten. Ich habe aufgehört, Drogen zu nehmen. Ich habe meinem Leben Struktur gegeben. Ich habe mich mit der Bibel beschäftigt. Ich habe sie auf mich und in mir wirken lassen. Ich habe mich in unserer Gemeinde engagiert. Ich habe meinen Wert nicht mehr über mein Äußeres, sondern über Gott definiert. Ich habe mich für meine Heilung entschieden. Ich habe mich für ein gutes Leben entschieden. Das war alles andere als einfach. Denn sich selbst aus dem Sumpf herauszuziehen braucht unbändige Kraft. Als ich verstand, dass Jesus mir ja die Hand gereicht hatte und ich nicht mehr alles allein schaffen musste, ging es leichter. Ich habe meine Chance ergriffen.

Ich bin jetzt wirklich schön. Weil Gott durch mich strahlt.

Danksagung Sara Langhirt

Ich danke meinem himmlischen Papa! Du bist meine Hoffnung, mein Anker, mein Alles.

Ich danke Josef Müller dafür, dass er mich dazu ermutigt hat dieses Buch zu schreiben. Danke, lieber Josef, für deine treue Freundschaft!

Ich danke meinen Brüdern dafür, dass sie immer für mich da sind. Lieber Markus, lieber Daniel, lieber Simon: Ich habe euch sehr lieb!

Lieber Michael, ich danke dir dafür, dass du immer an mich glaubst und mir so viel Kraft gibst. Ich liebe dich!

Ich danke dir, lieber Roman, dass du selbstlos für mich da warst, als ich dich brauchte.

Lieber Dave, danke, dass du mich im Gebet getragen hast, als ich noch nicht in der Lage war, selbst zu beten.

Danke, liebe Lilli, dass du durch dick und dünn mit mir gegangen bist.

Ich danke meinen lieben Glaubensgeschwistern bei XHope für die wunderbaren gemeinsamen Gottesdienste!

Danke, lieber „Heiliger Peter“, dass du mir als Erster von Jesus erzählt hast.

Meine geliebten wundervollen Töchter, danke, dass ihr mir so viel Freude schenkt, einfach weil ihr existiert.

Mein Dank gilt auch dir, liebe Heidi, für deine Geduld und deine Motivation!

Gemeinsam mit Heidi danke ich Sarah Koller und Dorothea Gösele für ihre einfühlsame und kompetente Betreuung im Lektorat.

Danksagung Heidi Friedrich

Ich danke Sara für ihr Vertrauen in mich. Ich wurde während unserer Zusammenarbeit sehr von ihr inspiriert.

Ich danke meinem geliebten Gisbert Dahmen-Wassenberg für sein Vorbild im festen christlichen Glauben.

Ich danke unserer Tochter Fritzi dafür, dass sie mich immer wieder daran erinnert, dass Gottesdienst an keine Kirche gebunden ist.

FSC www.fsc.org
MIX
Papier | Fördert gute Waldnutzung
FSC® C014496

1. Auflage 2023
Bestell-Nr. 835359
ISBN 978-3-86334-359-0

Umschlaggestaltung: Andreas Sonnhüter; grafikbuero-sonnhueter.de
Umschlagfoto: Rahel Täubert
Lektorat: Sarah Koller, Dorothea Gösele
Satz: Uhl + Massopust, Aalen
Druck und Verarbeitung: GGP Media GmbH, Pößneck
Printed in Germany

www.adeo-verlag.de